通识写作

王　靓◎著

吉林人民出版社

图书在版编目（ＣＩＰ）数据

通识写作 / 王靓著． -- 长春 ：吉林人民出版社，
2022.11
ISBN 978-7-206-19723-9

Ⅰ．①通… Ⅱ．①王… Ⅲ．①写作 Ⅳ．①H05

中国版本图书馆 CIP 数据核字（2022）第 256676 号

通识写作

TONGSHI XIEZUO

著　　者：王　靓
责任编辑：王　斌
封面设计：清　风
出版发行：吉林人民出版社（长春市人民大街7548号 邮政编码：130022）
印　　刷：长春市华远印务有限公司
开　　本：720mm×1000mm　　　　1/16
印　　张：10
字　　数：158千字
标准书号：ISBN 978-7-206-19723-9
版　　次：2022年11月第1版
印　　次：2022年11月第1次印刷
定　　价：48.00元

如发现印装质量问题，影响阅读，请与出版社联系调换。

目　录

第一章　写作的准备：从词语开始

第一节　词语的积累：词语是你写作的基础工具

提到写作工具，人们首先想到的可能是笔墨纸砚，也有人会说现在是互联网时代，写作工具可以是电脑键盘也可以是智能手机，甚至有人觉得是输入法。但是，从语言表达的角度来看，词语才是写作的最基本工具。一个个词语，就是一个个表达情感的最小零件，如同砖瓦，写作者的词汇量越大，表达起来才越灵活自如、得心应手，才越有可能构建起自己的文本大厦。就好像一个掌握了十八般武艺的侠士，更有可能雄踞武林、称霸天下。

当艺术化的书写被不诗意的硬笔替代，进而演化成键盘的敲击，很多人已经开始提笔忘字。不过，现在的输入法，越来越简单，越来越人性化，甚至可以不用键盘打字，直接使用语音输入，基本不影响表达。所以更多的时候，困扰我们的，是在写作时找不到准确的词语，或者不知道如何去描摹一件事物。比如某个春夏之交的傍晚，在郊外看到瞬息万变的晚霞，你竟一时找不到恰当而生动的词语去描绘它。尽管这样的场景已经印入你的脑海，不停地提醒、刺激你的神经，但你已经字短词穷，只能留下些许怅惘、遗憾了。有一天你登上泰山，站在玉皇顶，除了在"孔子小天下"处与石碑合一张影，发个朋友圈，然后借来伟大诗人杜甫的"荡胸生曾云，决眦入归鸟"抒发一下登高望远的胸怀，还能不能留下自己的独特的文字，让朋友跟随你一起去感受泰山的伟岸、云海的神奇、日出东方的激动，或者攀登十八盘的艰辛。

搜肠刮肚，字斟句酌，你会发现自己掌握的词汇十分有限，绞尽脑汁也找不出任何新鲜的说法来。车轱辘话重复又啰唆，或用词不恰当，写出的文字干巴巴像一杯白开水，写着写着就写不下去了，自己也觉得索然无味。那一点儿好不容易产生的写作灵感也烟消云散，让你慢慢对自己的表达也失去了信心。

当然，这种情况即使对诗人、作家来说，也是正常的。有的作者认为自己语言词汇非常丰富，写作时可以信手拈来，但即使是一些著名诗人，也常常为选用哪个词语最恰当、最完美、最能表达意境和美学思想而殚精竭虑。唐代诗人卢延让就说过，"吟安一个字，捻断数茎须"。另一位中唐著名苦吟诗人贾岛也说过，"两句三年得，一吟双泪流。知音如不赏，归卧故山秋"。即使顺利找到合适词语来表达，但还是会担心别人是否欣赏。

贾岛写作《题李凝幽居》诗中一句"鸟宿池边树，僧敲月下门"时，就产生了用"推"字还是用"敲"字的纠结。据说那一天，贾岛骑在驴上，一直在思考，是用"鸟宿池边树，僧敲月下门"，还是用"鸟宿池边树，僧推月下门"。他开始用"推"字，后又觉得用"敲"字似乎更佳，在驴背上举手作推敲之状时撞到京兆尹韩愈的仪仗队，随即被人押到韩愈面前。贾岛便将缘由说给这位文坛领袖韩大人。韩愈不但没有责备他，反而立马思之良久，对贾岛说："作'敲'字佳矣。"既然是鸟归宿、月高悬，想必夜静更深众人睡去，应该已经关门落锁，自然是用"敲"字更符合现实逻辑。当然也有天才型的诗人：像是"笔落惊风雨，诗成泣鬼神"的诗圣杜甫，"如万斛泉源，不择地皆可出"的苏轼，那都是我们膜拜的对象，给我们指明了努力的方向。

那么作为一个平常人，我们要积累多少个词汇才够用呢？从中国汉字的角度来讲，《康熙字典》收录4 700个，《说文解字》9 353个，《字林》12 824个，《字统》包含异体字有13 734个。认识1 000个字，可覆盖92%的书面材料；认识2 000个字，可覆盖95%的书面材料；认识3 000个字，可覆盖99%的书面材料。但单个汉字并不是表达的基础材料，词汇才是。汉字具有比较强大的成词能力。教育部语言文字信息管理司发布的《义务教育常用词表》，首次公布了义务教育阶段应该掌握的15 114个常用词语。可以说，在中国，一个高中毕业生汉语言词汇的数量，已经完全满足作为一名记者、作家、诗人的词汇准备和积累了。而进入大学，词汇的积累早已不是学习语文的目标。

在这个微博、公众号遍地的时代，写作早已成为一种个人必备的能力，一个高中毕业生，就已经具备成为一个有作为的优秀写作者的潜质。当然，这并不是说中小学文化程度就能成为作家，而是从词语积累角度而言，一个高中毕业生是完全可以训练成一个优秀的写手、诗人、作家的。我认为，作为大学生，写作能力已经成为进入职场的必备要素。作为有表达欲望的普通人，写作既是行使我们在这个现代社会的话语权，也是理性地掌握表达技巧的方式。

那么，作为写作基础的工具而言，我们该怎么掌握词语呢？

你会发现，自己掌握的词汇就像乐高玩具零件，它们被放在一个个或者叫名词或者动词的"收纳盒"里，只要零件足够多，就能用它构建出你能想象到的任何东西。就词语的种类而言，你应该至少拥有哪些"收纳盒"。我们这里要谈的不是语法意义上的词语分类，而是在写作中你需要掌握的那些基本工具。

一、名词

什么是名词？名词就是对人、事、物、地理方位、精神和心理状态等进行命名的词语。名词掌握得越多，说明你的知识面越广，所谓的"上知天文下知地理。"

虽然很多写作者表面上也认识或知道许多名词，但是并不真正理解名词的意思和所包含的丰富而又复杂的内涵，这样就对名词产生了麻木的感觉，这种没有知觉的体验，是写不好文章的。每个名词都是一个内蕴丰富的信息元，它传递出的不只是文字表面的含义，还有你过往的所有阅读经验、人生经验的加持。比如，当你看到母亲的名字时，大脑里一定会闪现出她的容貌、言语、声音，喜欢穿什么衣服，喜欢吃什么食物，她对你绵绵密密的关爱，这一切仿佛历历在目。这就是一个名字被赋予的丰富意义。再如，当你看到一些历史名词时，比如唐朝，你至少会想到李白、杜甫的诗句，想到李渊、李世民，想到杨贵妃，想到安史之乱。如果你能有这样的联想能力，就表明离写作不远了。

中国文字有一大优势，你可以只依赖名词堆砌成句子，每个名词都是一个蕴含丰富的意象，组合在一起意、境俱佳。典型的如"枯藤老树昏鸦，小桥流水人家，古道西风瘦马"，还有"楼船夜雪瓜洲渡，铁马秋风大散关"。

所以，你要写作，就得积累和掌握丰富的名词，名词越多，说明你拥有的知识、文化空间越广大，你的神经突触就能建构起更多的连接，你的思维能力就越强大，也就能写出更多、更优秀的文章。

二、动词

什么是动词？动词就是描述人、事、物的行为、动作、运动、发展、变化的词语。作品成功的标志，就是要把人或者物写得准确、生动、形象，给人以鲜活的感觉。怎样才能让笔下的文字"活"起来呢？作为写作者，要注重动词的运用。每个动词都演示一个人、事、物的动态画面，要找到准确的动词来表现这种动态画面。比如"走"字，是一个最常规的动作，如果在任何情况下都只会用"走"字，那么你的文章就显得非常平庸、平淡。你可以"行"，可以"逛"，可以"遛"，甚至也可以"摇"，你可以"赶路"，也可以"漫步"。同样，在一位写作者眼里，每个人走的动作都是不同的，你得找到那个最恰当、最形象、最生动的动词来表达这个"走"字。例如，看到一个拄着拐杖的老人走路，你可以如此描写：老大爷拄着拐杖，拖着右腿，一步一步慢慢地往前挪着，每挪一步，身体会向右倾斜30度，然后停下来，喘一口气。这些动词生动表现出这一个"老人"的走路状态。这种状态和腿脚健全的走路状态完全不同。你若领悟到这种不同，说明你的观察力和表达力很强大了。

从语法角度讲动词充当的谓语或者谓语中心词是句子的核心部分。在一定语境中，主语可以省略，谓语不能。动词是句子传情达意的句眼。主语的种种，主要靠它来表现。

动词极具表现力，是文章语言艺术的灵魂。比如，王安石那句著名的"春风又绿江南岸"，这个"绿"字，既表现了一种动态，又表现了一种状态，每每读到，不禁赞叹。再如，"数峰无语立斜阳"，一个"立"字，把静止的本无生命的山峰，变成了自主的姿态选择，这"无语"的数峰立刻人格化了。又如，"春江潮水连海平，海上明月共潮生"，用"生"而不是"升"，明月跳跃而出，宛如新生，引人无限遐想。再如，"山光悦鸟性，潭影空人心"，这种忘却尘俗的禅意境界，通过把"悦"和"空"两个形容词变成使动的用法，微妙地抽象出来。

俄国作家托尔斯泰说过，在艺术语言中，最重要的是动词，因为一切生活都是运动着的。动词对于绘景状物、传情达意、刻画精神心理有着不可替代的作用。运用好就能让景物生动、人物传神，可以让文章行云流水，"从心所欲而不逾矩"。

三、形容词

什么是形容词？形容词是对人、事、物的状态、性质、感受进行描摹的词语。描就是照着葫芦画瓢；摹就是仿效、临摹、模拟。要想描摹得逼真、活灵活现，就得找到最准确、最形象、最生动的形容词来表达。

关于形容词的使用，很多作家建议要少用，比如鲁迅。鲁迅说："不生造除自己之外，谁也不懂的形容词。"这是有道理的。从形容词的定义来看，它是临摹，不是创造，用多了形容词，文章虽然辞藻华丽，却显得虚华空洞，不利于表达思想情感，更不利于讲述故事。

每个形容词描摹的都是一帧画面，但是，真正恰当而生动地描摹这帧画面的，一定是动词。

四、成语

什么是成语？成语是中国文字特有的构词形式，是中国传统历史文化经过几百年上千年的传承积淀，提炼出来的，是传统历史故事的浓缩精华。大多数成语都包含了特定的历史事件和人物故事，蕴含丰富的喻义。成语往往都有比喻、象征、隐喻和影射的作用，在一些非虚构类的杂文、时评、随笔文章中都很常见。

但是，在一些纯虚构的文学作品中，成语的使用就比较少。成语包含着很丰富的故事和极其确定的象征，对于虚构性写作来说，创新性不强，容易将读者带入成语故事的固定语义场中，干扰文本本身意蕴的表达。

五、方言

什么是方言？方言就是地方话，因地域差异而形成的特色语言。与官话或者普通话命名的官方通行语言相比较，方言不仅具有地域特色，还能反映这个地域中的风物人文，这一地区人民的性格、形象特色。吴侬软语，形容的是苏浙沪一带的语言特色，同时这种语言也塑造了只有这个地域特有的人物性格和气质。

大家会发现，很多方言小说或者电影电视传递出来的那种独特的味道和话"梗"，只有本语言区的人才能心领神会，方言区外的人是很难感受到的。广东的本土电视剧《外来媳妇本地郎》从2000年11月开播，迄今22年无间断播出，从中能够看到接地气的原生态本土语言的魅力。2021年还有一部上海方言电影《爱情神话》，也曾在朋友圈刷屏，那种微妙的情感情绪的表达，也许只有用上海话才能精准输出。被某些学者当作现代白话文学开端的张爱玲的小说《海上花列传》就是用苏州白话写成的。

每个地域的方言都承载着当地的民俗文化、历史传统和风土人情。因此，在写作中，尤其是虚构类文本的写作中，合理使用方言，能增强文学表现力。

六、数量词

什么是数量词？数词，是表示事物数目的词语，它常与量词（表示事物或动作的单位的词）连在一起使用。通常，在虚构类文本的写作中，数量词似乎可有可无，显得并不重要。但是在非虚构类文本的写作中，比如在新闻写作、公务写作、应用写作中，数量词往往比一个动词更具有震撼人心的效果。数量词表明事物的严重程度、影响大小、距离远近，这些都关乎人的感受，因此，准确无误地使用数量词，在非虚构写作中，是十分重要的。

比如，生产安全事故等级，是用数量词表达的。根据安全事故造成的人员伤亡或者直接经济损失，事故一般分为以下等级：（一）特别重大事故，是指造成30人以上死亡，或者100人以上重伤（包括急性工业中毒，下同），或者1亿元以上直接经济损失的事故；（二）重大事故，是指造成10人以上30人以下死亡，或者50人以上100人以下重伤，或者5 000万元以上1亿元以下直接经济损失的事故；（三）较大事故，是指造成3人以上10人以下死亡，或者10人以上50人以下重伤，或者1 000万元以上5 000万元以下直接经济损失的事故；（四）一般事故，是指造成3人以下死亡，或者10人以下重伤，或者1 000万元以下直接经济损失的事故。

之所以把生产安全事故等级的数量词罗列出来，是想说明，数量词背后所包含的意义。当你对这些冰冷的数字产生联想时，就表明你可以进入写作状态了。此外，这些数字对于当地政府官员来说，也是有特殊意义的，数字越大，追究责任的严厉程度就越大。我们要善于分析数字背后所涉及的方方面面，掌握数量词的意义。

七、词语的魅力：提高表达力

人人都有表达的意愿，人人都能参与写作。虽然门槛低，但要把文章写好，获得认可，扩大传播效果，获得更高的阅读流量，则是一件不容易的事。高明的写作是一个复杂的工作，必须学会提高词语的表达力。所谓词语表达力，并非选择生僻的词语，也不是使用高端的词语，而是选择恰当的、准确的。你可以从词语中传递美学思想和塑造美学形象。哪怕是一个非常普通的、平常看起来非常不起眼的词语，只要用到位，就可以产生非常奇妙的审美效果。

因此，写作不是靠华丽的词语堆砌，甚至也不是靠掌握几千个、上万个词语，而是在字斟句酌的过程中，选择最恰当最生动的词语。在选择词语的过程中，要培养对词语的含义和意象背后的美学思想的高度敏感，尤其是词语的搭配和组合，就像汽车发动机的零件一样，只有互相吻合匹配的零件，才能使发动机高速顺畅地运转。只有这样，文章才能形成鲜明的美学意义和美学形象。

词语与词语之间会产生有意义的信息连接，产生美学反应，就如两个氢原子和一个氧原子构成一个水分子一样。每个词语就是一个原子，不同的原子组合在一起形成不同的物质，产生不同的化学反应。写作是一个审美反应的过程，每个词语的组合、搭配形成不同的审美观念，塑造不同的美学形象，表达不同的思想、情感和观点。诗歌、散文、随笔等都会呈现这样的美学味道。

词语是写作的最基本的工具，每个写作者平时都要多积累，建立这个工具箱，建立词语仓库。如果确实感觉词汇比较匮乏，写作时无法得心应手，可以有意识分门别类地做笔记。比如，关于动词，表达不同人、物、事的动词，多搜集归纳起来。我们不仅要积累更多的词语，也要了解、理解语义，并灵活运用这些词语，才能提高写作能力。

第二节 句子：词语的组合、搭配能使句子产生美学反应

很多写作者都有一个困惑，就是讲话时头头是道、出口成章，但是要转为文字的书面语体，却发现不知道从何下笔，不知道那些到嘴边的意思如何形成句子，更遑论把一句句话组成一个段落和文章了。

这种写作的困惑对于初写者来说，尤为突出。由此很多人便产生了写作恐惧，对于把自己的想法凝结成文章畏首畏尾。有的企业宣传或报告也

是宁愿做成PPT，若将其写成文章就会十分抗拒，害怕费力不讨好，也害怕让自己丢脸。其实，写作真的没有这么恐怖，也并不困难，只要坚持不断地练习，就能成为一个优秀的写作者。

上一节讲的是词语的魅力，但文章的表达靠的不是单个词语组合，而是句子组合。若词语是一篇文章最基本的元件，那么句子构成了文章最基础的部件。就像文字，笔画构成部件，部件组合成文字。句子将这种有意义的部件逻辑地组合在一起就成了文章。

例如，中国人见面打招呼，多数人习惯地问：吃饭了吗？这只是一句客套话，就像英语中的"hello"，见面时的打招呼用语，它只是表明两人是熟人关系，平时关系还比较好，而非真的关心对方是不是吃饭了，若没有吃饭，是不是要请对方吃饭。当你在这个句子中加上不同的词语，组成新的句子时，这个老掉牙的，甚至都不带多少情感色彩的句子立刻焕发新意，情感如泉水般汩汩而出。

"吃饭了吗，宝贝？"只要轻轻读一读这句子，你的心就仿佛被爱和关心融化了。

"'妈妈，您吃饭了吗？'她焦急地问。"这句话把女儿对母亲的爱、关心，甚至担心、同情都表达出来了，这就要看下文的故事如何展开了。

从上面的两句话，我们认识到，句子就是词语的有意思的组合或有意味的搭配，一个句子为一个语意，表达一个意思，描摹一个细节或场景，表达一个有意思的想法、有温度的情感、有独到见解的观点，或是对人、物、景的描写。

在写作中，一个句子是由人称代词+动词+名词组成的，我们统计一下，可以组成以下这样的结构：

人称代词+动词+人称代词，表明两个人之间的关系；

人称代词+动词+环境，表明人与环境之间的关系；

人称代词+动词+场景，表明人与场景之间的关系；

人称代词+动词+事件，表明人与事件之间的关系；

人称代词+动词，表明人的动态情况；

人称代词+动词+数量词+名词，表明事物的程度；

名词（环境）+动词；

名词（人称代词）+动词。

你会发现环境句型表达环境对情绪的烘托，事件句型表达事件的变化推进的状态；动词句型表达事件的发生；场景句型表达场景对人的影响；数量句型表达事物的程度、影响。对于写作者和欣赏者而言，通过对句子结构拆分并进行语义分析，就能领悟其背后的深刻表达。

因此，建立句子模型，对模型进行归类分析，是十分重要的。句子模型就是句型，它与句式不同（句式在下文会进行分析）。有时在特定的上下文叙述中，句子可以是一个字、一个词，甚至就是一个沉默的空格，一个标点符号，但是只要能表达清楚，就会使句子呈现出蕴含的语意的力量。

鲁迅的小说《风波》结尾处有一段主人公七斤与七斤嫂的对话，非常有意思。

过了十多日，七斤从城内回家，看见他的女人非常高兴，问他说："你在城里可听到些什么？"

"没有听到些什么。"

"皇帝坐了龙庭没有呢？"

"他们没有说。"

"咸亨酒店里也没有人说么？"

"也没人说。"

"我想皇帝一定是不坐龙庭了。我今天走过赵七爷的店前，看见他又坐着念书了，辫子又盘在顶上了，也没有穿长衫。"

"……"

"你想，不坐龙庭了罢？"

"我想，不坐了罢。"①

这段话每一句都包含了丰富的信息，之前发生风波的荒诞性，夫妻两个不同的个性、心智、判断跃然纸上。中间删节号虽然一字未着，但隐藏在后面的七斤茫然又迟钝的面目是清晰的，而七斤嫂在他的衬托下精明又敏锐的形象显得生动又鲜活。

再看看《药》的开头：

秋天的后半夜，月亮下去了，太阳还没有出，只剩下一片乌蓝的天；除了夜游的东西，什么都睡着。华老栓忽然坐起身，擦着火柴，点上遍身油腻的灯盏，茶馆的两间屋子里，便弥满了青白的光。

"小栓的爹，你就去么？"是一个老女人的声音。里边的小屋子里，也发出一阵咳嗽。

"唔。"老栓一面听，一面应，一面扣上衣服，伸手过去说，"你给我罢。"②

《药》是鲁迅的短篇小说，该小说讲述了茶馆主人华老栓夫妇为儿子小栓买人血馒头治病的故事。小说第一句话，写的是时间、季节；第二句话，讲的是环境。这两句话都有很强的隐喻，比如太阳还没有出，乌蓝的天，夜游的东西，什么都睡着，等等。它们组合在一起，都有共同的语义指向。第三句话开始叙事，人物出场，同时铺排情节。

这些句子很简短，但语义非常有力量，画面感很强，读者的带入感也

---

① 鲁迅：《呐喊》，人民文学出版社 1998 年版，第 55 页。
② 鲁迅：《呐喊》，人民文学出版社 1998 年版，第 20 页。

非常强烈。我们可以看到环境的描写是有情绪的。秋天的后半夜，点明秋后问斩的季节；月亮下去了，暗示革命者被杀；太阳还没有出，表明革命尚未成功，新的社会就没有到来，所谓黎明前的黑暗；只剩下一片乌蓝的天：蓝色本来给人的感觉是浪漫，纯净的美，但是在此小说中，乌蓝的美学意味是清冷、孤独、麻木、浑浑噩噩，是时代的不明方向，也是人生的不明方向。

在开头这样的环境描写之后，展开华老栓拿钱去买人血馒头的叙述，便自然而然了。

一、陈述句：带着情绪地说

什么是陈述句？陈述句是指陈述一个事实或者表明说话人观念的句式。日常生活中的语言交流多是由陈述句完成。无论是肯定式还是否定式，它都用来交代事件的状态或人的观点。

在写作中，陈述句是叙述必要的前提，否则文章就无法展开，故事就无法推进。

但是，在写作中，一味地使用陈述句，会使文章显得语言呆板，阅读情绪波澜不惊。很多初写者在讲述自己的故事时，就是这样做的。只顾沉浸在自己的叙述之中，大量使用陈述句，故事不生动，没有起伏、没有疑问、没有悬念、没有高潮，文章平铺直叙，阅读味同嚼蜡，就是这个意思。

在一个段落或文章中，大量集中地使用陈述句，使文章或段落像平静的湖面，是不能引起读者阅读兴趣的。如果向湖面投下一块石头，那溅起的水花，向四周荡漾的一圈圈水纹，便能立即吸引人们的注意：谁向湖面投了石头？投的是石头还是其他什么东西？是人吗？

所以，我们如何把陈述句写精彩？如何把文章写生动？一是减少陈述句的使用，或者在陈述事实时，加上其他内容，比如环境描写或者人物心理活动。通常第一个陈述句都是在一定的环境中人的活动。村上春树在《挪威的森林》中开篇第一句是："三十七岁的我坐在波音747客机上。"这里面包含了环境和人的活动。"庞大的机体穿过厚重的雨云，俯身向汉堡机场降落。十一月砭人肌肤的冷雨，将大地涂得一片阴沉，使得身披雨衣的地勤工、候机楼上呆然垂向地面的旗，以及BMW广告板等一切的一切，看上去竟同佛兰德派抑郁画的背景一般。罢了罢了，又是德国，我想。"虽然使用的是陈述句，但并不完全是客观陈述，而是有主观感受和心理活动融合。二是减少集中使用陈述句，有的写作者在写作过程中急于把故事全部讲出来，因此集中使用陈述句，而忽略了每个具体事件陈述过程中的人物心理反应，其他人物的心理反应，环境的变化，时间流动的影响，等等。如果把陈述句当成一个小细节来展开描写，那么你的文章就生动有趣了。三是转换陈述句，把陈述句改为反问句。

二、判断句：掷地有声

判断句是对事物的属性做出判断，即说明某事物是什么，或不是什么。在非虚构的写作中，判断句是非常重要的句式，尤其是在杂文、时评、论文和随笔类写作中，判断句是表达观点最有力量的句子。一篇杂文或时评，如果连判断句都写得含糊不清，又怎么能让读者相信你的观点，这样的写作也就毫无意义了。

判断句写作的标准如下。

一是判断要准。任何事物都是复杂的，都不会只有一个专断结论，所以有"一家之言"的说法。但即使是一家之言，你的观点、你的判断也一定要准确。就像打蛇要打七寸，打到要害部位。你的判断未必是正确的，但一定要准确地表达你的思想和观点。吴晓东评价"《城堡》与卡夫卡"开篇就是判断句。"无论从何种意义上讲，卡夫卡都可以称得上是现代主义小说家中的第一位重要人物。"[1]吴晓东用这个判断句准确概括了卡夫卡对现代主义小说的重要性。

二是判断要新。在杂文时评写作中，甚至在评论区写作中，大家看中的不是人云亦云、重复别人的观点，而是希望看到独到的、别具一格的观点。判断要新就是观点要新，立意要新。有时候你去看微博或者公众号文章，会发现评论区比文章本身还好看。很重要的原因就是评论区有很多热气腾腾新鲜出炉的观点，而且网友的密集对话也往往能激发出新的观点。万维钢《万万没想到》这本书，有一篇题目就是《最高级的想象力是不自由的》[2]。这就是一个很新颖的判断。原来我们对想象力的印象是天马行空、丰富多变的。而正是判断的新鲜感和颠覆性吸引我们耐心去看文章的论证过程。为什么他认为高级想象力不自由，从爱因斯坦分析到科幻小说和童话故事，从《西游记》讲到《指环王》和《哈利·波特》，一直到《魔兽世界》《阿凡达》。

写作是一项创造性的工作，创造性与创新性是一致的。即使现在市面上有许多写作方面的书，我希望通过本书的经验和积累带给大家新的收获。

如何做到判断有新意？这是一个复杂且缓慢的过程，是写作者长期阅读经验、生活体悟、思考的结果，敏锐的目光来自长期的积累。

三是判断要有力量感。尽管判断句是理性的表达，是对事物属性下的结论，一般给人的感知是平淡的、不生动。但是在写作中，你的判断要有力量感，要能让读者感知到文字里流淌着有感染力的观点，闪耀着思想的光芒。1978年5月11日，《光明日报》发表了该报特约评论员文章《实

---

① 吴晓东：《从卡夫卡到昆德拉》，三联书店2003年版，第13页。
② 万维钢：《万万没想到》，电子工业出版社2014年版，第128页。

践是检验真理的唯一标准》，由此引发了一场关于真理标准问题的大讨论，吹响了改革开放的时代号角。如果读者熟悉20世纪70年代的时代背景，一定会感知到这个判断句超强的力量，是对那些否定实践是检验真理的标准的强有力回击！这个判断至今仍然掷地有声。

四是判断句并非凭空下的结论，要有论述和论证，要有逻辑推理，以理服人，以事实讲话。判断句是一篇文章的精华所在，是核心观点。但是只下判断，没有论据支撑，没有事实做依据，没有逻辑的推演，也是不能成立或不能让读者信服的。黎鸣在写"人性本善与本恶"[①]时，先表述了这样的观点："中国古代儒家圣人基本上是人性本善观点的代表者。"接下来他列举了几个例子。孟子讲："人性之善也，犹水之就下也。"孟子定义善即仁义礼智四端。孔子的"仁"透出人性本善的倾向。宋代王应麟《三字经》总结："人之初，性本善，性相近，习相远。"最后总结孔孟的人性论观点深刻地影响了中国文化发展的道路，能让我们清晰地看到作者下判断时的依据。

三、问句：引人关注

问句有三种形式：疑问句、反问句、设问句。

疑问句，就是对某一事物或事件的疑惑，发问者并不知道所问对象的情况。在写作整个过程中，包括对立意的寻找、主题的提炼、故事的推演、叙述的推进、人物关系的设定等，都伴随着很多疑问。写作中，当这些疑问出现时，你需要有耐心，或跟朋友聊天讨论，或查阅资料寻求答案。萨提亚《新家庭如何塑造人》中有一章，题目是《你拥有怎样一个家庭》[②]。这一章开始就接连间隔着出现三个疑问句："你对现在的家庭生

---

① 黎鸣：《中国人为什么这么"愚蠢"》，华龄出版社2003年版，第6页。
② 萨提亚：《新家庭如何塑造人》，易春丽等译，世界图书出版公司2006年版，第9页。

活满意吗？你觉得家里人都似朋友般地亲切、彼此爱护、相互信任吗？作为家庭里的一员，你认为这是一件令人愉悦、兴奋的事吗？"作者借助这三个问句，提醒大家深入思考关于家庭的这些问题，紧密跟随作者的思路。

反问句，是用疑问的句式表达肯定的观点。表面上看，反问句是疑问的形式，但实际上是肯定的意思，答案在问句之中。反问句式比一般的陈述句表达更加强烈，更能引起人们的深思和反思。反问句是对正确答案以疑问的方式加以强调，引起读者的共鸣。在写作中，可以用反问句，通过不可驳斥的方式给文章以强有力的结尾。《骂我，还说你爱我？》是一本讲亲子教育的书籍，书名本身就是反问句。书的副标题是"正确识别和应对言语虐待"。很明显书名就是要给人警示、引人深思的。

设问句，是自问自答的语句。吴晓东在研究博尔赫斯的时候分析："为什么在《一千零一夜》中，丢掉神灯或戒指之类的东西谁也不会去注意？是因为《天方夜谭》中的阿拉伯人有太多的神灯与戒指吗？显然不是。这是因为《一千零一夜》本身就是一个幻想世界，同样作为幻想之物的神灯的丢失按博尔赫斯的比喻，就'仿佛水消失在水中'。"[①]

在这里问句的目的不是提问，而是提醒你注意接下来的分析，就是引出答语。在杂文或时评写作中，一般为了提醒读者对文章论点的重视，也常采用设问句，然后逐一解答。现在的"知乎体"写作就是这样的形式。设问句式写作的流行，是小屏阅读时代的产物，是通过疑问的方式，引起读者思考和关注。也许某个事物的产生或属性，读者并未思考到，或有某种感知，但不知道如何表达，甚至连提出疑问的想法都没有。此时作者以设问的方式，把这个事物的问题提出来，即刻就引起了读者的共鸣，激发了读者对此问题的兴趣，于是引发阅读的继续。

---

① 吴晓东：《从卡夫卡到昆德拉》，三联书店2003年版，第209页。

第三节 段落：文章如何分段

中国古文是竖排文字，句与句之间没有标点，标点是近代西学东渐才引进的。古人读文章是根据语意来断句的，所以要先"习其句读"，也就是在心中给文章加标点，看哪处停顿短一点，哪处停顿长一点。可见，词语和词语组合搭配在读者心目中是有规律的，是建立在读者对语义的天然感知上的。

现代文章引入了标点符号的概念，开始划分段落，有长有短。但当今移动互联终端普及，文章已进入小屏阅读时代，小小的手机屏幕不可能像一本书那样一页承载近千字，它最多显示三五百字。在一个屏幕纳入这些字的同时，还有返回键，可以立即跳转到首页，挑选其他文章，翻阅其他信息。这些文章和信息，既没有空间限制，也没有条数限制。这是与纸质阅读完全不同的阅读体验。因此，小屏阅读对文章的长短和分段提出了新的要求。

很多初写者，对段落的划分并不是十分清楚，看别人的文章，有的段落很长，有的段落很短，甚至一句话、一个字、一个标点符号也分段了。这在一些经典作家作品中常见，比如鲁迅的小说和杂文，大多如此，每个段落都不长。在读纸质书时，像这样的段落划分，阅读感很轻松。同样地，在读屏时代，对每个段落文字的多少，也提出了不同要求。

一、分段落要有轻松感

每段的文章虽然不限制字数，但从阅读体验的愉悦感、轻松感角度来说，1~200字都是可以的，切忌400字，因为一个正常字号大小的手机屏幕满屏才能展示500字，还包括标题、作者、账号等。这还不包括文后的评论留言区。如果段落文字太长，密密麻麻的文字堆满屏幕，巨大的阅读压迫感，会让读者产生本能的抵触。

二、分段落要有紧张感

与段落阅读的轻松感、愉悦感不同的是，在叙事类小说、戏剧中，每段文字之间随着情节推进演化，人物的命运、情绪在段与段之间发生转变，让人产生紧张的情绪，使读者看了这一段之后，紧接着想看下一段，而不至于读到此段就转屏了。

三、分段落要有节奏感

也许有人会问，文章为什么要分段，分段的意义是什么？文章分段，除方便阅读外，还要把每个大的意义段落放在一起，而与另一个意义段落分开编排。这样，阅读起来，会产生阅读的节奏感。就像音乐旋律一样，一组节拍为一个旋律，每组节拍就是一段。文章段落划分简明，浏览就不伤眼睛了。

四、分段落要有叙述情绪感

段落的划分除根据段意外，还要根据段落的语意情绪。为了强调某个语意，一层意思为一段，可以是一个词语，可以是一个字，可以是一句话，这样划分，与文字多少无关，只与语意有关。

五、分段落要有递进感

在叙事写作中，情节的发展演变或推进，通过分段来体现；在非虚构写作中，逻辑推理的展开，也强调段落的划分。

六、分段落要有转换感

在叙事写作中，人物关系的转换、角色的变化，情节甚至细节、场景的变化都对段落划分提出了要求。

本节讲的文章分段，是想提醒写作者对段落划分的认识。在此基础上，对每段的细致深入写作，就变得紧迫了，有的作者认为没有东西可以写，把一大堆信息都放在一起，在把这些信息拆分成段之后，每段文字均无法深入下去。这个问题也正是本书要解决的。

第二章　讲点逻辑：你的文章就会变得有力量、有智慧

我们学习逻辑的目的是清晰而高效地思考与表达。

很多读者并不知道，联合国教科文组织1974年规定的人类七大基础学科中，数学排在第一位，第二位就是逻辑学，它排在天文学及天体物理学、地球科学及空间科学、物理学、化学、生命科学之前。为什么要把逻辑学排入人类七大基础学科之中，而且排在数学之后？数学是人类科学最基础的学科，一切事物的计算是靠数学的。而逻辑学被称为人类智慧之树的一颗硕果，是人类智慧特有的研究推理能力。大家现在知道的互联网科学中的算法，离不开数学和逻辑。

也许有人认为，逻辑学是从事科研工作的人应该掌握的，尤其是理工科专业；对于写作这类文科专业不需要学，只要有生活阅历，形象思维强大就可以了，逻辑思维不重要。其实这是荒谬的。逻辑学源于古希腊，意思是思想、言辞、理性、规律是研究思维形式结构及其规律的科学。它有三大作用：促成逻辑思维由自发向自觉转变，培养和提高人们认识事物、从事科研的能力，帮助认识、驳斥谬误和诡辩。这些信息，在逻辑学课本中都有。只是我们从小学到高中都没有专门的逻辑课程，大学也很少有专业会开逻辑课程，即使中文系的课程里，逻辑学也比较边缘。

逻辑学诞生在古希腊，最早发现并研究它的是伟大的哲学家亚里士多德，后经过英国著名哲学家逻辑学家弗朗西·培根、英国哲学家逻辑学家穆勒的研究，基本形成。现代逻辑的发展则是由德国著名数学家、哲学家、逻辑学家莱布尼兹提出的。在17世纪末期，他提出用数学演算的方法处理演绎逻辑，还创立了一种相对自然语言的适合演算的"通用语言"。这两种思想为现代逻辑的诞生奠定了思想基础。中国著名逻辑学家金岳霖说，中国古代并没有真正意义上的逻辑学家，"因为它们都没有系统的研究，倒是有一般结构和有效的推理形式"。

其实，中国汉字从造字思维和书写方式上阻碍了逻辑学的形成和发展，象形文字造字思维，是以形象为最基本结字单元，而不是依靠拼音字母的逻辑组词。在汉语写作中，字句短，跳跃性大，省掉了复杂的逻辑推理过程。因而形成了中国自古以来特有的写作模式，即写作都是听从"心"的写作，而不是听从"思"的写作。只讲人与自然的心灵感应与感受，正如"举头望明月，低头思故乡"。想象创造出神话，月亮上有桂花树，树下有嫦娥和玉兔，吴刚会捧出桂花酒。但这不是讲究人与自然的逻辑辩证关系，不是思考地球与月亮及太阳的关系，因为这些需要靠逻辑推理。

互联网是西方当代科技及现代逻辑思想的产物，这一点相信已成为人们的共识。当今是一个观点交流、分享、辨析的时代，是各类信息、资讯、思想、情感快速生产、快速消费的时代，也是移动浏览时代。在读屏时代，各类平台就是一个个观点市场，读者捧着手机，就像进入观点市场，在手指拨动下，快速刷屏，翻阅各种观点，有的观点符合你的认知，你会为它点赞；有的观点你不同意，你会去反驳、辩论。你只要留言或与他人辩论了，实际上就进入了写作状态。辩论的过程就是写作的过程，你从一个消费观点的人变成了提供观点的人，其他网友也会看到你的观点。你的观点也就进入观点交换的市场。有逻辑是体现写作能力、表达水平，还有正常交流的前提。

在这个真理与谬误混杂，智慧与诡辩共存的文本时代，要想在互联网杂乱的信息中，坚持真理、高扬智慧、廓清谬误、纠正诡辩、弘扬正气、树立清风，每个写作者都要学点逻辑，进行一些逻辑训练，这是写作和表达的基本要求。这样写作的内容就会变得有力量，文章就变得有智慧。

第一节　概念：写作的逻辑起点

在各大平台浏览的网友，只要沉浸于评论区，就会发现一个有趣的现象：在评论区写作的人，很多时候观点是针锋相对的。其中有正确的，也有谬误的。谬误的一方常常不讲逻辑、观点偏激、意气用事，被情绪控制，罔顾事实，你根本无法和他对话讨论。有些人写的文章也是如此，却能通过平台算法的审核，照样推到你面前。

不讲逻辑，就无法对话和辩论，可见逻辑对于写作是多么重要。写作要讲逻辑，首先要搞清楚逻辑最基本的起点：概念。与一个连讨论对象的最基本概念都没有搞清楚的人讨论和交流，会特别费劲，讨论也变成了争论，甚至上升到谩骂。

在这样的快速读屏时代，要让读者的目光在你的文章中停留，你的写作表达能力很重要。表达观点首先要有概念，需要一种清晰、明确的概念支撑。由概念出发，才能下定义，才能推理，才能形成逻辑，才能提供观点。

一、概念的建立：形成常识

概念是逻辑学术语。看看逻辑学教程，你就会明白，概念是反映对象的本质属性或特有属性的思维形式，是事物自身的性质和与其他事物的关系的总称（事物与属性不容分离）。概念是理性认识，感觉知觉表象属于感性认识。概念反映抽象对象的本质属性和特有属性，感觉知觉表象反映个别具体对象的本质非本质、特有或非特有属性。概念的形成过程，就是一次对人或事物的感性材料加工，认识不断深化的过程，是思维的结晶。在此基础上，慢慢建立起理性认识，概念的形成是理性认识的起点。

爱因斯坦《相对论》开篇讲"几何命题的物理意义"，第一句先建立概念"几何学是研究空间（或平面）形体的形状、大小和位置的相互关系的一门科学，简称几何"。接下来对这个概念的内容做了解释：

"几何"这个词来源于希腊文，原意是土地测量，或叫测地术。几何学和算术一样产生于实践，也可以说集合产生的历史和算术是相似的。在远古时代，人们在实践中积累了十分丰富的各种平面、直线、方、圆、长、短、宽、窄、厚、薄等概念，并且逐步认识了这些概念之间的关系，以及各概念内部之间位置跟数量的关系，这些后来就成了几何学的基本概念。[①]

解释清楚"几何"以及后面的基础概念是帮助读者建立基本认知：我们可以通过数学语言描述我们生存的世界以及宇宙空间。

互联网平台上每天都刷出无穷个、无穷类的信息，你要从这样海量的信息中读出有价值有意义的材料，分辨出有意义的信息，是建立在清晰的概念基础上的。而这种明确概念的过程也是定义的过程，对概念定义，就

[①] 爱因斯坦：《相对论》，周学政、徐有智编译，北京出版社 2012 年版，第 2 页。

是用简明的语言揭示反映人、事物的本质属性和特有属性的过程。

在非虚构写作中，概念是一切命题、推理、归纳的前提。没有概念的认知，就寸步难行，很多人看到不公平不合理现象时会义愤填膺，但让他表达出来，却又词不达意，或说不到点子上，更不用说写作了。这是因为他对概念所表达的本质属性和特有属性认识不足，也就无法对事物进行分析、推理和归纳了。

二、概念是写作的基础

如果说词语是写作的工具，那么概念就是写作的基础。只有对事物建立准确的概念，才可以写作。比如，学摄影的人，一些专业概念一定要知道。顺着这些概念，你就能建立知识体系。有专业知识体系，才能深入摄影专业领域，你在与同行交流时，才不会发生理解的障碍。听不懂、不知所云，都是因为没有建立专业概念。

作为写作者，概念的形成，就是要建立常识。要对社会、对人形成一个基本的常识，建立写作的基本概念，写作就可以产生有价值的观点。概念的建立，要形成常识，形成共识，这个常识与共识就是社会主义核心价值观。不同的民族、不同的文化背景、不同的经历的人，看待和分析事物的概念是有区别的，其定义的内涵也是有差异的。概念与价值观的形成相关，当你的概念积累到一定程度，形成专业知识体系，你的价值观就慢慢形成了，你再看待事物，就会非常透彻、精准。社会主义核心价值观，其基本内容是：富强、民主、文明、和谐、自由、平等、公正、法治、爱国、敬业、诚信、友善。可以这样说，这12个词语是时代语境下的写作指南。

通过概念的形成，建立专业知识体系。比如，你的写作涉及法治、公正、平等、自由等概念的题材，那么你需要建立与法律有关的专业知识体系，这样你的写作就会变得轻松起来，你的论述就是有力量的。如果你喜欢非虚构类的杂文、时评写作，那么这样的专业知识体系，也是非常必要的。

第二节 命题：在纷乱复杂的事物中找到主题

印刷传播时代，信息的产生与发布、流传是简单的，也是单向的，人们想法单纯，对事物的认知坚定。复杂纷乱的互联网时代，信息流如同在高速公路上飞驰，而且数量无穷多，质量良莠不齐。开放的信息场带来很多不确定因素，你的写作就变得更有意义了。你必须在纷乱复杂的事物中找到鲜明的与众不同的主题，这就是逻辑学中的命题。

命题是对对象属性进行肯定或否定判断的一种思维形式，是理性认识的基本形式。命题是建立在概念和定义基础之上，当你对事物有清晰的概念并给以准确的定义，那么，你的命题便是顺理成章的事了。

命题有两种类型，前提和结论，中间就是论证过程。比如钱钟书说："《伊索寓言》大可看得。"从某种意义上说，这是一个结论性的命题。它是由钱钟书阅读《伊索寓言》的一些感想引发的。

"这是一本古代的书，读了可以增进我们对现代文明的骄傲。"作者先从现实中的人际关系入手，分析我们对年龄差很多的小辈会喜欢且保护，而对年龄相差不多的小辈会厌恨和嫉妒。从而推理出"小孩子总能讨大人的喜欢，而大孩子跟小孩子之间时有冲突。人际关系，只要涉及到年辈、论资排辈的，全证明了这个分析的正确"。我们能明确看到两种类型命题间的关联。

林语堂曾经对中国人的特性进行过全面的分析。其中他讲到中国人的

"幽默滑稽"，先抛出一个肯定性命题："幽默是一种心理状态。进而言之是一种观点，一种对人生的看法。"然后他讲了各种各样的中国式的幽默故事，从庄子的聪明才智到陶渊明的无奈调侃，从极富闹剧性质的丧葬礼仪到强盗军阀当局的荒唐事件。最后用另一个肯定命题做了结论："这就是中国人滑稽的人生观。"林语堂认为，汉语中充满了把人生看作演戏的比喻，我们确实把生活当作了舞台。

如上所见，在我们写作的过程中，寻找命题、确定命题是非常重要的。找到你写作的前提或结论，基本的框架就出来了，我们再把中间的论证过程写清楚，就会呈现出一篇思路清晰的合格文章。

很多时候，我们写作的命题在文章题目中就可以传递出来。古典时代的作家，受逻辑和哲学的影响很大，他们的文章都带有很强的逻辑性，你看培根的两篇文章标题：《谈读书》《谈美》。此外，英国作家帕特兰·罗素的《论老之所至》、法国作家苏利·普吕多姆的《善于爱情的沉思》、法国作家阿兰的《读书之乐》等，也是如此。

第三节　推理：让你的写作拥有不容辩驳的力量

喜欢看推理类侦探电影或小说的读者，常常为紧张复杂而富于逻辑推演的剧情折服。剧情通过一个个人物的言谈举止，一个个扣人心弦的情节，一个个微不足道但又起到关键作用的细节推理，展示出无可辩驳的思辨力量，最终将犯罪分子绳之以法。剧情落幕，读者还难以从剧情中走出来，会像侦探一样去推演一番。这就是逻辑的力量。

尤其是在杂文、时评、随笔写作中，逻辑推理是最重要的方法。有了逻辑推理，你的文章行文条理清楚、逻辑缜密、证据充分、思辨有力、结论合理，读这样的文章，读者才能折服，从而认同文章的结论。

可以这样说，写作不能全是形象思维，即使是长篇小说的构思，逻辑思维也非常重要。因为，人物性格的走向、情节的发展、结构的安排等，都离不开强大的逻辑推理支持，逻辑思维往往起到决定性作用。那种认为写作是形象思维的艺术，是一种谬误。

只是，我们在阅读文章和文学作品的时候，往往被文章的情感所感染，被小说的故事情节所打动，这些是形象思维的价值，但背后的逻辑思维一般被读者忽视，而作者最清楚逻辑推理在写作中的价值。

逻辑学中的推理是指由已知命题推出新命题，由已有知识推出未知知识的过程。推理的结构为：前提（已知命题）、结论（新命题）、推理形式（推理的逻辑结构，形式上的关联关系）。关于逻辑推理，很多人都知道的三段论，是我们常用的推理方式。它是以两个包含着共同项的性质命题为前提，推出一个以新的性质命题为结论的推理。逻辑学中的推理是个复杂的学说，本书只简单概述。

所以，仅有命题是不够的，还要有论证的过程，下面结合钱钟书的《读伊索寓言》来讨论下逻辑推理在写作中的运用。上一节讲到的钱钟书认为"《伊索寓言》大可看得"并不是最终的结论性命题。作者在对这个判断给出了三个解释之后，又提出了一个颠覆性的新命题："我们看了《伊索寓言》，也觉得有好多浅薄的见解，非加以纠正不可。"

按照逻辑，我们要为这个肯定判断的命题提供事实依据，没有依据，这个命题是很难站住脚的。所以下文，钱钟书讲了伊索寓言中的几个故事：蝙蝠的故事、蚂蚁和促织的故事、天文家的故事、乌鸦的故事、牛跟娃儿的故事、老婆子和母鸡的故事、狐狸和葡萄的故事、驴子跟狼的故事。当然这些故事，基本上讲的是动物，但实际上分析的却是人性。寓言中的动物大多做了不便被撕开揭露人性的遮羞布。最后钱钟书给出一个结论性的命题：这几个例子可以证明《伊索寓言》是不宜做现代儿童读物的。这就叫作有理有据，你要用事实来支撑你的命题。

然后钱钟书又从不同角度来进一步夯实这个结论性命题。先说卢梭反对小孩子读寓言，是认为"寓言会把淳朴的小孩教得复杂了，失去了天真"。钱钟书认为寓言要不得是因为"它把淳朴的小孩教得愈简单了，愈幼稚了，以为人事里是非的分别、善恶的果报，也像在禽兽中间一样的公平清楚，长大了就处处碰壁、上当"。你会发现钱钟书的思维，既具有颠覆性，又没有忽略逻辑推理的严密性。文章严谨又常常独出机杼，充满了意趣，在幽默中蕴含了辛辣的讽刺。他的长篇小说《围城》也有大量逻辑严谨的推理论证，只不过很多时候读者被出色的形象描绘吸引了注意力，把它忽略了。

写作中的逻辑学，并不是说让读者完全掌握逻辑学体系，而是学会逻辑学的基本概念和推理方法，增强写作的思辨能力，使行文有更强大的推理力量。在时评、政论文、杂文写作中，尤其重要。

当然，在一般的写作中，即便是评论区的留言，讲点逻辑，也是非常重要的。讲逻辑的人，在写作中，首先会注重概念的界定、命题的真伪、证据的准确、推理的缜密、结论的正确。在这样的前提下，互联网平台的讨论才是有意义的，才能达成共识。

不讲逻辑，就无法对话。评论区有的文章，观点偏激、意气用事，被情绪控制，被他人思想左右，说话不讲逻辑，根本无法对话。还有人写文章，语无伦次、没有条理、没有逻辑，只是凭感觉写，这样是写不好文章的。还有人喜欢在网上跟人辩论，这是互联网特有的属性——交互性。大家相互交流讨论，甚至辩论，通过这样的形式，明辨是非、辨别真伪、揭示真相、追逐真理、寻找共识，此乃文明、法治社会应有的文化风气。

但辩论不是谩骂，不是人身攻击，不是侮辱，也不是无理取闹，作为一个写作者，辩论是建立在概念和事实基础上的，也是建立在逻辑推理基础上的，这样辩论才能进行。否则，就变成了网络暴力。

在写作中，你不讲逻辑，别人就无法跟你讲理；你不讲逻辑，别人就无法跟你对话。在观点交换的市场，不要让自己沦为"骂街的泼妇"。

第三章　思维训练：思路决定写作出路

从思维角度来说，互联网时代的写作使用的是一个综合性、混合性思维写作模式，各种思维方式在不同的写作语境里自由切换。对于一位纯文学作家来说，他也许会在评论区写上几个字，表达对某件事的态度，甚至用时评、杂文的体裁来写。这时，他的思维方式由形象思维切换到逻辑思维、抽象思维；对于一位科学家而言，他常用的思维方式是逻辑思维、抽象思维，但是当他在某个平台参与某个公共话题讨论时，他也许用上形象思维加逻辑思维，他的文章表达跟作家会有很大不同。

另外，一位作家或文科背景的写作者，每天面对复杂而又涉及多学科领域的热点时，必须有多学科知识积累，必须有强大的逻辑思维和抽象思维来帮助他分析信息、处理信息，得出一个有说服力、讲逻辑的观点。那么，他的这种写作也是一种科学态度，仅仅依靠"心灵"想象，是会误导公众的，也是非理性的。

除了上一章讲的逻辑思维训练，其他几个思维方式的训练，对于写作来说，也很重要。

第一节　形象思维：赋予写作的艺术生命

形象思维是文学艺术创作过程中的主要思维方式。形象这一概念，总是和感受、印象、体验相关联，是一种与生活感受、情感、情绪相通的思维方式。

说起形象，读者可能会产生联想，许多人物和故事便浮现出来。比如，提到小学某位老师，他的形象立即出现在你的脑海里，就像过电影一样。曾经有个朋友聊天，提到初中一次晚自习，他向正在看晚自习的数学老师请教课外参考书中的一个问题。没想到，老师没有回答，而是昂着头走向讲台，边走边说："下课啦，下课啦！"作为班上的学习委员，他成绩很好，一直是老师们的宠儿，这次被漠视让他闷闷不乐，觉得伤害了自尊，由此对数学老师产生隔膜。很多年以后，这件事他还记得，甚至连天气、晚自习的灯光、同学似有似无的轻笑都记得。这个过程就是形象思维。

形象思维与上文讲的逻辑思维不同，逻辑思维是指一般性的认识过程，其中更多的是理性的理解与推理，它是一种判断性思维，而不是靠感受和体验。形象思维是一种感受性思维，因此，形象思维是用直观形象和表象解决问题的思维。

文学艺术创作过程就是借助形象反映生活，运用典型化和想象的方法，塑造艺术形象，表达作者的思想感情。

对于虚构性的体裁如小说、散文、随笔、诗歌来说，形象思维是必不可少的手段和方式。那么，形象思维的触发器是什么呢？是什么促使你运用形象思维来传情达意呢？主要有以下几个。

一、意象：赋予了作者灵魂的词语

意象是指融入了作者主观情感的客观物象。意就是人的主观感受，象即物象，是客观事物。简单地说，意象本身也是具体的词语，只是这些词语还没有进入作者主观意识。或者说，还没有附上作者的"灵魂"，没有进入形象思维的创作过程中。一旦这些词语被创作者感知，并进入形象思维，就成了意象。因此，意象也意味着寓意深刻的词语形象。既来源于客观物象，又赋予物象之内在意蕴。

在我的后园，可以看见墙外有两株树，一株是枣树，还有一株也是枣树。

这上面的夜的天空，奇怪而高，我生平没有见过这样奇怪而高的天空。他仿佛要离开人间而去，使人们仰面不再看见。然而现在却非常之蓝，闪闪地眨着几十个星星的眼，冷眼。他的口角上现出微笑，似乎自以为大有深意，而将繁霜洒在我的园里的野花草上。

我不知道那些花草真叫什么名字，人们叫他们什么名字。我记得有一种开过极细小的粉红花，现在还开着，但是更极细小了，她在冷的夜气中，瑟缩地做梦，梦见春的到来，梦见秋的到来，梦见瘦的诗人将眼泪擦在她最末的花瓣上，告诉她秋虽然来，冬虽然来，而此后接着还是春，蝴蝶乱飞，蜜蜂都唱起春词来了。她于是一笑，虽然颜色冻得红惨惨地，仍然瑟缩着。

鲁迅的这首散文诗《秋夜》[①]非常有名，作者采用象征修辞手法，赋予了秋夜后园中的不同景物以人的品格，借以代表不同的社会人物："奇怪而高"的天空，象征着压迫和摧残进步力量的势力；在冷的夜气中瑟缩着做着"春的到来"的梦的小红花，象征着善良的社会弱者；耸立在

---

① 鲁迅：《野草》，人民文学出版社 1999 年版，第 1—2 页。

后园的两株枣树，象征着与黑恶势力抗争的进步力量。

　　熟悉那段时代背景的人都清楚，中国那个时候贫穷落后、战争不断、物资匮乏、医疗水平低，各种政治势力和军阀集团纷争不断。光明与黑暗、进步与落后、正义与邪恶对抗博弈。鲁迅这篇散文诗，写的是屋子后园的景物，如果作者没有把这些景物与时代背景联系起来，没有赋予作者的思想和感情，那么，后园里的小红花，也就是自开自谢的小红花，那两株枣树也依然长在园子里，开花结果，又开花结果，一年复一年，甚至就连天空，也依然按照宇宙的规律运动。当它们都被赋予了作者的思想感情，才产生了新的生命形象，这个过程就是形象思维的过程。

　　在读这样来源于现实生活却又经过作者形象思维提炼的意象的时候，你会发现，这些意象词语，如果不进入形象思维，不附着作者灵魂，它就是普普通通的词语。但鲁迅在《秋夜》中给予了这些词语有意味的生命力。这就是意象。

二、意境：塑造美学境界

　　对词语赋予了作者灵魂之后所形成的意象组合——句子、段落、篇章，便构成了意境。也就是说，文学作品中客观景物与主观情感、哲思融合在一起所形成的美学境界，便是意境。情景交融相生，虚实交互衬托，作者赋予其灵魂，让人产生身临其境的审美愉悦。意境是意象的升华，意象是意境的基础，没有一组组意象，是形成不了意境的。

　　尤其在汉语言艺术创作中，意境的塑造是文学艺术作品最优美的审美感受，是一种令人心领神会却又难以言传的美学境界。它是形、神、情、理的融合，虚虚实实交互，既令读者产生悠然的想象，又有坚实的现实情理依托。

　　鲁迅的《秋夜》中写了许多意象，但这些意象并不是孤立的，而是相互联系、互为关照的，叙事与抒情融为一体，形成独特意境。

比如鲁迅写枣树，当作者赋予枣树生命意识之后，枣树"知道小粉红花的梦，秋后要有春；他也知道落叶的梦，春后还是秋。

读这样的文章，仿佛不是在读枣树了，也不是读小粉红花，而是读某种人，在与某种精神对话。你也许没有完全看懂，但你一定感受到了文章深刻而尖锐的思想与情感。作者直接用形象来传递思想情感，含蓄而又充满指向性，才使文章变得意味无穷。

其实写作就是玩文字的艺术。就像作曲家，把一个个五线谱的"小蝌蚪"排列组合，从而形成旋律和节奏。玩的过程就是写作的过程，玩的过程也是作者灵魂赋能的过程。玩的手段高明，玩的艺术炉火纯青，那么作品就会更有感染力，吸引更多阅读者。

三、人物：赋予笔下人物生命

无论是虚构类写作还是非虚构类写作，笔下的人物是不是鲜活，是不是赋予了生命，赋予了性格、品性，是决定写作是否成功的关键。

文学创作中的人，包括两类：一是作者自己；二是作者塑造的人物形象，即被作者创作出来的人物。

首先作为创作者，他在日常生活中积累素材，有丰富的生活阅历和体验之后，便产生写作冲动。在酝酿构思以及下笔写作过程中，作者进入一种文学创作的境界。有的作家说，他日夜都和笔下的人物一起吃饭、一起睡觉。笔下人物高兴，他跟着一起开心；笔下人物痛苦，他跟着一起流泪。这样忘我的境界，便是创作。作者在创作时，会调动过往的生活体验和生活经历，这些素材是有生命力的、鲜活的，能激发作者进行形象思维，产生写作的冲动。当然，仅有这些原始的生活还不够，为了把作品写得更深刻、更有创新性，还要查阅相关的资料进行广泛阅读，对题材有更深刻的认知。这样，你的作品就是独一无二的，就像陈忠实所说，写一部"死后可以当枕头用的大书"。

陈忠实在谈创作《白鹿原》的最初"写作欲念"时，用了"意料不及"来形容：

至今确凿无疑地记得，是中篇小说《蓝袍先生》的写作，引发出长篇小说《白鹿原》的创作欲念的。这部后来写到八万字的小说是我用心着意、颇为得意的一次探索，是写一个人的悲喜命运的。在小说主要人物蓝袍先生出台亮相的千把字序幕之后，我的笔刚刚触及他生存的、古老的南原，尤其是当笔尖撞开徐家镂刻着"读耕传家"的青砖门楼下的两扇黑漆木门的时候，我的心里瞬间发生了一阵惊悚的战栗，那是一方幽深难透的宅第。也就在这一瞬，我的生活记忆的门板也同时打开，连自己都惊讶有这样丰厚的尚未触摸过的库存。徐家砖门楼里的宅院，和我陈旧而又生动的记忆若叠若离。我那时就顿生遗憾，构思里已成雏形的蓝袍先生，基本用不上这个宅第和我记忆仓库里的大多数存货，需得一部较大规模的小说充分展示这个青砖门楼里几代人的生活故事……长篇小说创作的欲念，竟然是在这种不经意的状态下发生了。[①]

关于《白鹿原》创作的经验之谈，还有许多，我觉得这会给读者的写作以启示。

之所以把作家创作的体验和感受讲一下，是让读者体会一种创作境界，成功作家的创作体验会对我们有所启迪。作者在创作中的感受就是作家充分激活形象思维，使形象思维处于高度紧张活泼的状态，是一种创作的忘我状态。

这是给人物赋能，灌注了作者思想情感在这个人物身上，使这个人物

---

① 陈忠实：《寻找属于自己的句子——〈白鹿原〉写作手记》，《小说评论》2007 年第 7 期。

活起来、站起来，栩栩如生。作者为这个人物投入多少创作激情，付出多少生活体验，生活体验深刻与否，对社会的概括是不是到位，都决定了这个人物能不能活起来。

林清玄写一个在街边乞讨的"负琴盲翁"：

几个硬币又丢到盆里来，他却毫不知情地那样弹唱着，月琴的两根简单的弦，这时不知为何竟流出了一种苦难而无处倾泻的绞痛。那个负琴盲翁的血，竟像在两根琴弦上流淌，让我无法自安。

他只是一个小小的乞者，淹没在人潮中，也许我们发现了，丢给他三五元，如果我们没有发现，他也就像路边的一颗石头，那样的平常。[①]

街道上一个人接一个人走过去，对这个乞讨的负琴盲翁早已不在意。琴声并未能荡起多少情绪的涟漪。而作者的情感注入，才让读者能跟随着他一起，为这个命途多舛的老人一起揪心、哀伤。作者灌注的情感使人物成为一个充满故事、丰盈的存在。

其次人物形象的塑造，是虚构类的文学创作以及非虚构类写作中最为核心的美学指标。可以这样说，对于叙事类写作，人物形象是作家全力以赴运用形象思维等手段去塑造的，人物形象立不起来，作品便很难成功。

我们在塑造人物之前注意以下几方面：留心观察生活，做个生活中的有心人；要广泛收集素材，充分酝酿之后再动手，不要片面地写；写不出不要硬写。最后，特别在创作进入瓶颈之后，可暂时休止，是为了更好前行。暂时转换一种存在状态，有可能找到思维的突破口，所谓灵感乍现。

鲁迅也在《答北斗杂志社问——创作要怎样才会好？》一文中提出过类似的看法。

---

① 林清玄：《林清玄散文精选》，长江文艺出版社 2013 年版，第 10 页。

他在该文中介绍了8个写作"要怎样"和"不怎样"的方法。其实，他也提出"不相信'小说作法'之类的话"，对自己的8个写作经验加以否定。但是，我们知道，对于写作而言，每个作者写作方法都不一样，如果一样了，就不是创作而是抄袭。所以，每个作家谈写作都会有各自的经验，都有"要怎样写"和"不要怎么写"的经验，这些写作经验还是值得总结的。

写好人物，可从以下几个方面来思考。

一是现实生活中的某一个最初原型，这个原型引起你的关注和思考，触动了你形象思维的产生。司汤达著名的小说《红与黑》，据说最初的灵感就来源于1827年《法院公报》报道的一桩刑事案件。刑事案件发生在一个叫贝尔德的年轻家庭教师身上，因为怀疑他与女主人有恋情，雇主米肖先生辞退了他。贝尔德想重入教会担任圣职，被拒绝。他把失败归罪于米肖夫妇，趁着米肖夫人在教堂祈祷的时候向她开枪，最后两人皆重伤。

司汤达敏锐地感知到这起案件中传递出来的时代气息，从而激发了他的创作激情。

二是现实生活中的其他原型。单一的原型，可能粗糙、生硬，如果只照这一个原型写，就会陷入照葫芦画瓢的困境，这不是创作。因此，写作者需要观察、调取生活和阅读经验中其他原型，进行重新整合，形成新的人物。这个人物更加丰满、更加丰厚，也更加生动。上文提到激发司汤达创作灵感的刑事案件，并不是单一的素材来源。司汤达还注意到当时差不多同时期的另外一件有些相似的案件：一个做木工活的青年法拉格杀死了他的情妇——一位出身高贵的夫人。这个青年的容貌比较符合司汤达的设想，于是以此为基础塑造了《红与黑》中主人公于连的基本形象。

三是作家意念中的人物。基于上述两个准备条件，在展开形象思维过程中，就会慢慢形成自己心目中新的人物形象。这个新的人物形象，是不同于最初的原型和后来的原型的，而是赋予了作者多重经验的人物，是活起来的人物，是作者所要刻画的，要通过这个人物表达作者的思想和情感，是寄托了作者灵魂的人物。仍然以《红与黑》为例，司汤达是18世纪启蒙思想的信徒，所以他以敏锐犀利的目光审视复辟的波旁王朝，观察社会现象和矛盾斗争，转而以他笔下的人物形象去分析和概括时代的特征，揭示社会发展的各种尖锐矛盾，试图揭示时代的必然命运。作者把他对社会的种种思考、各种思潮的涌动和博弈集中表现在于连这个充满野心的年轻人身上。人物是作者思想与情感的外化，也是形象化。

四是这三种人物在作家大脑中，通过形象思维逐渐清晰。就像画家画人像一样，有脸型、有眼睛，再有鼻子，接着有嘴巴，再画头发等，慢慢地，人像就出来了。作家塑造人物形象，当然不会是像画家那样，集中笔墨勾画，而是通过人物的音容、笑貌、语言动作，把人物置于故事情节中，在人物与人物的"社交活动"中完成对人物形象的塑造，而这个过程便是形象思维的过程。

四、情节：推动故事发展，让人物形象鲜活起来

为什么写这个人物？有什么值得写？他的性格、品性、命运，他的毅力与奋斗，从失败走向成功，从躺平走向奋起，他的命运与时代和社会的关系到底是什么？这些我们都要放到不同层级的具体的背景中去展现。

首先是故事。叙事类的写作，在对人物进行形象思维的过程中，人物并不是一个空洞的概念，也不是苍白的模型，更不是穿上衣服会说话就是人物了，这与文学形象还有很远的距离。要想这个人物活起来，就必须和故事连在一起，人是在故事之中鲜活起来的，人物又推动着故事发展。对于一个叙事类写作而言，会讲故事，会讲一个与众不同的故事，才能把人物立起来。故事有大有小，大故事可以是一个国家一个民族的命运，中

故事可以是一个个家族的历史，小故事可以是一个个人的悲欢离合。这些大、中、小故事里，还有更小的故事，故事套故事，就像俄罗斯套娃一样。有的是人生片段，甚至是一天、一个小时，只要你能把这个故事讲好。比如《红楼梦》，讲的是贾史王薛四大家族史，通过家族的盛衰以及人物的悲欢离合，讲述中国社会对每个家族及个人命运的影响，在此基础上，讲的是中国封建社会不可逆转的趋势。这是一个宏大的叙事。

其次是情节。与故事相关联的是情节，多个情节组成故事，没有情节就没有故事，情节是故事发生发展的具体过程。情节中蕴含线索，在复杂故事叙事中，通常会有很多情节线索贯穿叙事之中。我们经常会把情节与故事连在一起表达，称为故事情节。对于整部小说而言，情节是有逻辑关系，推动故事发展的事件。

情节也是为了写人物而产生的。人物的活动通过情节铺展，人物的性格通过情节来刻画，人物的命运也通过一系列情节发展、演变来推动。没有情节也就没有人物。人物活在情节里，在情节中展示他的丰富性、丰满性。《红楼梦》中的林黛玉是一个才女，小说中有很多的情节展示黛玉的才情，比如第三十八回"林潇湘魁夺菊花诗，薛蘅芜讽和螃蟹咏"。宝玉与姐妹们赏菊吟诗，做了12首菊花诗，众人看完互相称颂不已。这时候李纨站出来给了公允的评价，认为《咏菊》第一，《问菊》第二，这两首皆出自林黛玉之手。第七十六回"凹晶馆联诗悲寂寥"，史湘云在众人夜宴散去后安慰陪伴俯栏垂泪的林黛玉，两人要到凹晶馆前联诗。有一段情节是写史湘云与林黛玉的对话。

湘云笑道："这山上赏月虽好，终不及近水赏月更妙。你知道这山坡底下就是池沿，山坳里近水一个所在就是凹晶馆。可知当日盖这园子时就有学问。这山之高处，就叫凸碧；山之低洼近水处，就叫作凹晶。这'凸''凹'二字，历来用的人最少。如今直用作轩馆之名，更觉新鲜，不落窠臼。可知这两处一上一下，一明一暗，一高一矮，一山一水，竟是特因玩月而设此两处。有爱那山高月小的，便往这里来；有爱那皓月清波的，便往那里去。只是这两个字俗念作'洼''拱'二音，便说俗了，不大见用，只陆放翁用了一个'凹'字，说'古砚微凹聚墨多'，还有人批他俗，岂不可笑"。林黛玉道："也不只放翁才用，古人中用者太多。如江淹《青苔赋》、东方朔《神异经》，以至《画记》上云张僧繇画一乘寺的故事，不可胜举。只是今人不知，误作俗字用了。实和你说罢，这两个字还是我拟的呢。因那年试宝玉，因他拟了几处，也有存的，也有删改的，也有尚未拟的。这是后来我们大家把这没有名色的也都拟出来了，注了出处，写了这房屋的坐落，一并带进去与大姐姐瞧了。他又带出来，命给舅舅瞧过。谁知舅舅倒喜欢起来，又说：'早知这样，那日该就叫他姊妹一并拟了，岂不有趣！'所以凡我拟的，一字不改都用了。如今就往凹晶馆去看看。"[①]

看这段文字，湘云评价凸凹二字的妙处，显现出她的审美见识。后面黛玉搬出了江淹、东方朔等，我们就知道了黛玉读书涉猎更加广博，见识更高一筹。何况这两处的轩舍本来就是黛玉命名的，贾政一字不改直接用了，可见对这外甥女才学的认可。这就是在情节中展示、丰满人物形象。

当你在为这个人物和故事展开情节时，是需要"设计"的。刚刚我们讲了，人物是"杂取百家"，故事也可以虚构，那么，情节也是"设计"出来的。根据社会环境、时代背景、具体生活环境、人物性格、人物身份、人物关系等来安排情节，推动故事发展，完成人物的叙事。而这个"设计"过程便是形象思维过程。

①曹雪芹：《红楼梦》，人民文学出版社1982年版，第1085-1086页。

最后是细节。在叙事类写作中，不管是人物的命运设定与性格的刻画，还是故事情节的安排与发展，都离不开细节具体支撑，细节是故事情节的关节，是人物的一滴滴血液、一块块肌肉组织。细节是情节的最小单位，逼真细腻的描写，可以增加小说的生动性和真实性。人物刻画与故事情节展开都离不开细节的支持。无数细节的写作，才使人物形象活起来、立起来。细节描写，包括人物的性格、肖像、心理活动、情感和动作，事件的发生、发展与结束，环境、时代背景展开等。所谓写作就是玩文字，首先建立在这些细节写作上。要会玩，要玩得生动，玩得真实，玩得有感情，玩得热火朝天。

下面以鲁迅的《阿Q正传》开头的一个情节来讲细节：

立传的通例，开首大抵该是"某，字某，某地人也"，而我并不知道阿Q姓什么。有一回，他似乎是姓赵，但第二日便模糊了。那是赵太爷的儿子进了秀才的时候，锣声镗镗地报到村里来，阿Q正喝了两碗黄酒，便手舞足蹈地说，这于他也很光彩，因为他和赵太爷原来是本家，细细地排起来他还比秀才长三辈呢。其时几个旁听人倒也肃然的有些起敬了。哪知道第二天，地保便叫阿Q到赵太爷家里去；太爷一见，满脸溅朱，喝道：

"阿Q，你这浑小子！你说我是你的本家么？"

阿Q不开口。

赵太爷愈看愈生气了，抢进几步说："你敢胡说！我怎么会有你这样的本家？你姓赵么？"

阿Q不开口，想往后退了；赵太爷跳过去，给了他一个嘴巴。

"你怎么会姓赵！——你那里配姓赵！"

阿Q并没有抗辩他确凿姓赵，只用手摸着左颊，和地保退出去了；外面又被地保训斥了一番，谢了地保二百文酒钱。知道的人都说阿Q太荒唐，自己去招打；他大约未必姓赵，即使真姓赵，有赵太爷在这里，也不该如此胡说的。此后便再没有人提起他的氏族来，所以我终究不知道阿Q究竟什么姓。[1]

这个情节是叙述阿Q姓氏的来源及遭遇的，这个情节是靠很多细节来支撑："他似乎是姓赵，但第二日便模糊了。""阿Q正喝了两碗黄酒，便手舞足蹈地说，这于他也很光彩，因为他和赵太爷原来是本家，细细的排起来他还比秀才长三辈呢。"后面还有很多，至今读来仿佛阿Q就活在眼前，就立在我的对面，我呆呆地看着他，仿佛他也在看着我一样。

有这样非常具有独特美学价值的细节描写，人物怎么能不活呢？

五、环境：人物生存的舞台

环境有自然环境、社会环境。环境写作也是有意义的，比如环境烘托，人物与环境的关系，故事情节也是在环境中展开。就像京戏一样，先要布置一个舞台，这个舞台可能是某个朝代的环境，在这个环境中才能产生这样的故事，才能活跃着这样的人物。这就是所谓典型环境中的典型人物。

读过高中的人都熟悉鲁迅先生的《祝福》。每次读都忍不住咋舌赞叹，他文笔怎么就这么老辣。自然环境的描写容易理解，这里就不赘述了。我们只来看两段描写鲁镇上人的文字，正是这些人构成了鲁镇的社会环境。第一段是写鲁四老爷：

他是我的本家，比我长一辈，应该称之曰"四叔"，是一个讲理学的老监生。他比先前并没有什么大改变，单是老了些，但也还未留胡子，一见面是寒暄，寒暄之后说我"胖了"，说我"胖了"之后即大骂新党。但我知道，这并非借题在骂我，因为他所骂的还是康有为。[2]

---

[1] 鲁迅：《呐喊》，人民文学出版社1998年版，第69页。
[2] 鲁迅：《彷徨》，人民文学出版社2016年版，第1页。

这一段传递出几个重要的信息，即"讲理学的老先生""单是老了些"，这两句已经给我们展示出鲁四老爷是一个顽固保守的人。后面这句大骂新党更是神来之笔，你看他大骂的新党是谁？是康有为。这个时期的康有为已经从一个激进的社会改良主义者沦落为保皇党了。可见辛亥革命带来的社会变革的思潮，对四叔没有产生任何的冲击和改变。另一段是写本家亲戚：

第二天我起得很迟，午饭之后，出去看了几个本家和朋友；第三天也照样。他们也都没有什么大改变，单是老了些；家中却一律忙，都在准备着"祝福"。这是鲁镇年终的大典，致敬尽礼，迎接福神，拜求来年一年中的好运气的。杀鸡，宰鹅，买猪肉，用心细细地洗，女人的臂膊都在水里浸得通红，有的还带着绞丝银镯子。煮熟之后，横七竖八地插些筷子在这类东西上，可就称为"福礼"了，五更天陈列起来，并且点上香烛，恭请福神们来享用，拜的却只限于男人，拜完自然仍然是放爆竹。年年如此，家家如此，——只要买得起福礼和爆竹之类的——今年自然也如此。①

这样的一些人，与鲁四老爷一样"单是老了些"；鲁镇参与福礼的仍然仅限于男人，而且"年年如此，家家如此"，并且"今年自然也如此"。社会的保守僵化与停滞，就这样展现在你眼前。他们这些人构成了鲁镇的社会环境，构成了主人公祥林嫂活动的舞台。

这些形象思维的触发器，也是形象思维的载体，写作要能驾驭这些文学要素，而驾驭这些要素，靠的是形象思维能力。因此，训练形象思维能力就变得非常重要了。

---

①同上。

六、形象思维训练方式

形象思维是与人对外部事物的感觉、知觉、认知相关联的，是外部事物的表象作用于人的直觉所产生的思维方式。简单来说，就是人的眼睛看到什么物体、场景、颜色、形状、大小、远近、高低、事件、运动；耳朵听到什么声音，或高或低、或大或小、或尖锐或虚弱、或开心或痛苦；鼻子嗅到什么气味，臭、香、难闻、恶心；舌头尝到了什么味道，酸、甜、苦、辣、咸；皮肤接触到物体的感觉，烫、冷、热、痛、痒……

这些感觉、形象储存在大脑里，成为人记忆的一部分，随时会被调取出来。记忆中的这些感官形象与新的感官形象产生关联，被重新激活，形成了新的形象思维。

如何训练自己的形象思维呢？

一是要多观察。每个时代的生活方式、生活形态、生活节奏都不同，不同的物质条件下，人们的生活感受不同，人们关注内容也不同，经历过改革开放之前生活的人，可以调取一下已储存的形象记忆。物质生活越艰难，人们的形象思维感受能力就越强。外部环境会强烈刺激你的感官，让你记忆深刻，比如饥饿、劳累等感受。这些在王小波的《黄金时代》、路遥的《平凡的世界》中有很细致的表达。但是，当物质条件非常优渥时，人们就变得麻木、迟钝，好像没有什么可刺痛自己的感官了。这就是现代写作的困境。

但是，一定有不同于上一个时代的新的事物会刺激你敏感的神经，只是你漠视了那些感受，还没有上升到理性的觉知。如果仅仅停留在马斯洛需求层次的第一层，确实很难有什么感受，就像现代人很难再有饥饿的极致体验。先辈一日三餐食不果腹，现在宣称过午不食，你还担心减不了肥。可是你必须每天一大早去挤地铁，房子的贷款你把它延长到了五十年。这些都是源自外部世界的新的感官刺激，对它们进行感受、观察和思考是必要的。

二是多体验。当你的感官变得迟钝和麻木时，你一定要去体验生活，主动寻找生活的痛点，让它刺激你日益麻木的神经和日益昏睡的感官。很多人通过改变生活常态，比如旅行，来体验这个世界。有些人有写作的天赋，那也需要他生活的时代和社会环境给他创造外部条件，这些外部条件不断地刺激感官，使形象思维非常发达，加之用心训练，才可能成为好作家。

三是要学会做生活的"有心人"。善于把看到的、听到的、感知到的事物进行联想和想象，与已有的经验建立连接，形象思维才真正被激活，才有意义，才能进入写作状态。

从心理学角度来讲，想象是人们在头脑中对已储存的表象进行加工改造，形成新形象的心理过程。它可以突破时间和空间束缚。想象对机体有调节作用，还能预见未来。这个意思就是假设已储存在记忆中的表象是A，那么，想象就是对A进行加工改造，使之成为"A+""A++"的过程。

而联想是从某个人或某种事物出发，想到其他相关的人或事物，由某个概念而引起其他相关概念的过程。它反映了事物之间的联系和关系。联想的形式很多，有高级的也有低级的，有简单的也有复杂的。一个人的联想是否丰富或者广阔，与他的生活经验、阅读范围、思维的活跃敏锐程度等都有很大的关系。假如某事物或某人为A，对A进行联想，有人可以把A联想成B、C，而有的人可以进一步联想到F、G，这与你的联想能力有关。当我们把从A到B、C的过程省略，而只出现F、G的时候，这就是跳跃性思维，很多现代或后现代的文本，用的就是这样的写作方式。所以写作，有时候就是对眼前或记忆中的事物，用联想和想象的方式不断向前推进的过程。我们要依靠联想和想象打破时空的限制，给笔下的文字插上翅膀，让它们可以更自由地"飞翔"。

第二节　逆向思维：赋予写作创新性

逆向思维，也称求异思维，它是对司空见惯、已成定论的事物或观点进行反向思考的一种思维方式。敢于"反其道而思之"，让思维向对立面的方向发展，从问题的相反面深入探索，树立新思想，创立新形象。

逆向思维的核心是指思维的方向与"司空见惯"的、"常规"的、"常态"的、"定式"的、"常识"的相反的思维，是对所谓的"常识"，敢于质疑、敢于反对、敢于提出不同的观点的反"常识"操作。

逆向思维的人，经常给人感觉有些偏激。人家说前他偏说后，人家说左他偏说右，人家说是他偏说非，放到生活中可能就是一个特别喜欢"抬杠"的人。但是生活和写作要区别开来。就是说，日常生活状态与写作状态是要区别开来的。生活需要和谐，没有那么多的绝对化，所以中国人的哲学是中庸，不偏不倚。但是写作太中庸，就会太过平淡失去波澜，很难吸引读者的关注。

更何况社会是不断发展变化的，过去看来是正确的，现在可能就是谬误了；几年前是对的，现在看来却是错的。不过人们的价值观并非随着社会的变化而及时更替、及时更新，还是有很多人墨守成规、不肯改变，这就需要有逆向思维进行批驳。

逆向思维是要有逻辑推理的，并不是为了反对而反对，为了叛逆而叛逆。而是在"反"中打破常规，寻找新思想；是在"逆"中进行创造，提出新见解。这个新的观点和新的思想是革命性的观点，是推动社会进步，更新人们陈旧的观点、保守的观点、腐朽的观点，甚至是罪恶的观点。通过你的逆向思维，通过严密的逻辑推理，通过现实、事实证据证明逆向观点是有道理的。

逆向思维的核心价值是敢于质疑貌似常识的观点。这需要勇气，也需要见识，这就要求写作者真的有胆有识。

鲁迅是中国文化史上最勇的战士，他的杂文就是划破旧思想的"投枪和匕首"。他在《论睁了眼看》一文中谈及时事短评时说："必须敢于正视，这才可望敢想，敢说敢做，敢当。倘使并正视而不敢，此外还能成什么气候。然而，不幸这一种勇气，是我们中国人最所缺乏的。"他在文末说："没有冲破一切传统思想和手法的闯将，中国是不会有真的新文艺的。"

从他的这篇文章中可以看到主导他写杂文的思维，便是逆向思维。在那封建社会刚刚被推翻之际，各种社会流毒、旧的思想都依然强大，在许多人看来，这都是习以为常的。鲁迅之所以伟大，就在于他一反常态思维，对"一切传统思想"进行勇敢的"冲破"！

钱钟书也是运用逆向思维写作的典范。他说："把整个历史来看，古代相当于人类的小孩子时期。先前是幼稚的，经过几千百年的长进，慢慢地到了现代。时代愈古，愈在前，它的历史愈短；时代愈在后，它积的阅历愈深，年龄愈多。所以我们反是我们祖父的老辈，上古三代反不如现代的悠久古老。这样，我们的信而好古的态度，便发生了新意义。我们思慕古代不一定是尊敬祖先，也许只是喜欢小孩子，并非为敬老，也许是卖老。没有老头子肯承认自己是衰朽顽固的，所以我们也相信现代一切，在价值上、品格上都比古代进步。"

这简直颠覆我们的认知。这样的文字容易让人们产生不适的眩晕感，让人对固有的观念开始生疑。好像已经被封闭的大脑突然受到冲击，被扯开一条缝隙，透了点儿新鲜的空气进来。所以擅长逆向思维的人，通常都是思维活跃、观念更新快、更具有创造力的人。

作者运用逆向思维，通过反证法，证明"保存国粹"的荒唐。当然，他指出的"国粹"是有所特指的。

他在文章开始，便对"国粹"概念进行定义，然后再批驳。看鲁迅的杂文，常常被他的理性思辨所折服。

读者可以自己进行逆向思维的训练：针对一个事物，要敢于问为什么，多问几个为什么，然后寻找证据和逻辑，推理出你的新观点。

第三节　发散思维：形散而神不散

发散思维是根据一个事物的信息，调动、激发已有的其他相关的事物的信息，通过推测、联想和想象，把这些信息重组在一起。

在写作中，发散性思维有个核心要素，就是调动和激发的其他事物与之前的那个事物是有关联的。或相似，或相同，或相关，总之，它们之间是相互关联的。如果说这一个事物的信息是圆心，那么其他事物的信息则是围绕它形成的圆周上的各个点，连接它们的半径，就是它们的相关性。发散性思维常常天马行空、上天入地，非常广阔。

但若没有相关性的发散思维，便是无的放矢、没有中心，所谓跑偏了题，指的是这种现象。这个中心，也就是所谓的"形散而神不散"的那个"神"。

作家孙犁在杂文《谈"迂"》中便是运用了发散性思维。

开篇直接点出该文的中心：

不谙世情谓之迂。多见于书呆子的行事中。

鲁迅先生记述：他常告诉柔石，社会并不像柔石想的那么单纯，有的人是可以做出可怕的事情来的，甚至可以做血的生意。然而柔石好像不相信，他常常睁大眼睛问道，可能吗？会有这种事情吗？

这就叫作迂。

……

这可以说是对"迂"人开的一次玩笑。但经过这场血的洗礼，我敢断言，大多数的迂老爷子，是要变得聪明一些了。

一九八二年七月十五日清晨。暑期已届，大院只有此时安静。①

事隔15年之后，经过人生惊悸的孙犁，把当年蹲牛棚的几件事记下来，今天读来仍然令人心酸。

这篇文章讲的是"迂"，但每件"迂"事、"迂"人，各不相同，但围绕着"迂"来写，形散而神不散，无论是写作技术还是思想内涵都是一篇令人拍案的佳作。

如果说逆向思维的训练，是要多问几个为什么，那么发散思维，就是要开动脑筋，围绕中心事物信息、中心材料、中心主题要多想，全面调动其他信息。

第四节　求同思维：提高写作的条理性

求同思维又称聚合思维，是指从不同来源、不同材料、不同方向探求一个正确答案的思维过程和方法。

聚合思维，是有目标、有范畴、有条理的思维，具有闭合性、目标

---

① 孙犁：《芸斋琐谈》，新华出版社 2016 年版，第 22 页。

方向同一、结果明确的显著特征。这种思维方式可以让人的思维更加严谨、有逻辑、有条理。求同思维是对多种人或事物进行比较思考，找出他们共同的特点，把在思维过程中所感知到的事物、搜索到的信息内容，通过分析、整合、推论、联想等形式聚集起来，探讨他们的共同性以及特征。

在写作中，求同思维的运用，是把阅读的知识积累、生活体验的素材积累所产生的认知进行分析、归纳，求得同一性并付诸创作的思维过程。

求同思维是在日常生活和学习中常用的思维方式，比如医生门诊时，根据病人的各种症状、各种化验报告所下的诊断；一个凶杀案件发生之后，警察根据现场凶手留下的作案痕迹、走访等线索证据来侦破案件，揭示真相；科学家根据多种因素的共同作用发现事物的规律等；创作小说时，根据人物的性格、身份、年龄等信息所明确的这一个形象，来安排人物情节变化；写作杂文随笔时，收集各种信息和材料，分析它们的相同或近似之处，来推论同一性的论点。

陈独秀在五四运动时期写的《偶像破坏论》，就是运用求同思维写作的：

"一声不作，二目无光，三餐不吃，四肢无力，五官不全，六亲无靠，七窍不能，八面威风，九（音同久）坐不动，十（音同实）是无用。"这几句形容偶像的话，何等有趣！

偶像何以应该破坏，这几句话可算说得淋漓尽致了。但是世界上受人尊重，其实是个无用的废物，又何只偶像一端？凡是无用而受人尊重的，都是废物，都算是偶像，都应该破坏！[1]

_____

① 陈独秀：《偶像破坏论》，《书摘杂志》2010 年 8 月刊。

开篇立下同一性的论点之后，作者从多种形态的偶像角度一一破坏：泥塑木雕的偶像、天地间鬼神的偶像、古代的君主、国家的偶像、古代女子节孝牌坊、虚伪的偶像等，一一揭穿偶像的虚伪、不合理、欺人行为，这些都应该被破坏。

运用求同思维的写作训练时，必须有明确正确的论点，无论是通过各种事物的信息和材料得出的论点，还是先有论点再围绕论点寻找材料，其论点必须是明确的、正确的，一旦论点不正确，事物的信息和材料的选择与推理，就论证不出同一性的答案了，也就变成了谬误之作。

第五节　抽象思维：使写作上升到哲思

在数字化写作时代，抽象思维在日常大量的信息整合与写作中，往往发挥重要作用。日常写作很多文体并非文学创作，比如新闻报道、公众号文章、自媒体写作，以及杂文随笔时评等，都离不开抽象思维。

抽象思维与形象思维不同，它不是以人们感觉、感知或想象的事物为起点，而是以概念为起点进行思维，进而再由抽象概念具象化到具体事物。

广义的抽象思维泛指逻辑思维，尤其是形式逻辑的方法，比如分析、综合、抽象、概括、比较、分类、归纳、演绎等。狭义的抽象思维则是指从复杂事物中抽取本质属性，是人们在认识活动中运用判断、推理、演绎等思维形式对客观事物进行间接概括的反映过程。

写作是一个非常复杂的精神活动，它可以是讲故事，可以是塑造形象，可以是讲理，可以是抒情，可以是写景。凡此种种，或单一，或综合的写作行为，无不是人的主观与客观世界交流的产物，人类最高级的精神活动便是哲学。写作离不开哲学的思考，哲学便是抽象思维的产物。

写作不可避免地融入自然科学、社会科学等学科，也是这两大学科体系的表达手段。因此，通常的写作便是形象思维和抽象思维的综合性运用。

形象思维与抽象（逻辑）思维是两种基本的思维形态，过去人们曾把它们分别划归为不同的类别，是一种误解。形象思维并不仅仅属于艺术家，也是科学家进行科学发现和创造的一种重要的思维形式。

中国人喜爱下围棋，网上经常有围棋高手复盘讲解。围棋是非常考量一个人的逻辑思维能力的，需要非常强大的计算力，但在老师讲解时，他常常用一些形象生动的词语来表达。

在写作中，运用抽象思维可以更加深刻地表达人类的思考。既有直接揭露抽象理念，又有间接隐喻、隐晦甚至艰涩的表达方式。有哲学思考的写作是更高级的写作。

有人说，文学创作运用的是形象思维，与抽象思维无关，从讲故事到刻画人物形象，不需要抽象思维，这是不对的。

文学创作中的抽象思维是非常有益的，尤其是大篇幅的小说、哲理性的散文等，抽象思维会提升它的价值。在写作中，把形象思维与抽象思维整合在一起，使写作由抽象转化为形象，由形象上升为抽象；由概念演化为具象，由具象提炼到抽象；由理论化解为表象，由表象提升为理论。这种混合式的写作，在数字化写作时代，非常突出。因为形象思维虽然提供了生动的故事，但是在快节奏的读屏时代，人们很难长时间停留在形象的叙事之中（好的小说除外），而抽象思维却可以把最关键的观点、哲理提炼出来，让读者尽快地感知到。

在虚构类写作中，以形象思维为主，抽象思维退至幕后。在构思过程中，抽象思维对人物命运走向、故事结构、情节发展、主题提炼等，都展示出强大的逻辑性和条理性。没有抽象思维的统合安排与推论，是很难写出一部伟大作品的。

在非虚构类写作中，抽象思维与形象思维谁重谁轻，谁发挥主导作用，谁发挥次要作用，也是因文体、题材、作者写作习惯而不同。比如，在时评、杂文写作中，抽象思维、逻辑思维对写作的主导性更强，要求更高。这类文章，要求有观点、有立论、有清晰的概念及定义、有信息的梳理和整合、有证据推导、有思辨力，这些都离不开抽象思维的主导。

而在文学性强的随笔、散文写作中，形象思维起到主导作用，抽象思维则发挥次要作用，甚至退至幕后。在很多随笔散文写作中，对文章主旨的揭示、哲理的推导都是抽象思维起的作用。

在写作中，表面上，抽象思维是"冷冰冰的"，它只是概念的提炼、论点的推导；实际上，它却是在一个个鲜活的有温度的故事、情节、人物、环境的叙事之中高度概括出来的。

很多长篇小说，在阅读时会被这些有血有肉的人物命运所牵扯，沉迷其中，同人物一起高兴、一起悲伤。但是，当阅读结束时，令你久久回味思考的是这部长篇小说到底想表达什么内涵。而这个过程，便是由形象思维产品激发你抽象思维的过程。

王小波的著名随笔《一只特立独行的猪》，是一篇发端于形象思维的叙事佳作，而描写性格刻画"人物"的手法，又融入了抽象思维的哲思：

后来，猪兄学会了汽笛叫，这个本领给它招来了麻烦。……领导上因此开了一个会，把它定成了破坏春耕的坏分子，要对它采取专政手段——……谁知这回是动了真格的，指导员带了二十几个人，手拿五四式手枪；副指导员带了十几人，手持看青的火枪，分两路在猪场外的空地上兜捕它。……

就这样连兜了几个圈子，它找到了一个空子，一头撞出去了；跑得潇洒之极。以后我在甘蔗地里还见过它一次，它长出了獠牙，还认识我，但已不容我走近了。[①]

思维方式是看待事物的角度、方式和方法，它对人们的言行起决定性作用。它有许多形式，除了上述主要的思维方式，还有联想思维、演绎思维、归纳思维、目标思维、移植思维等。其中对于真正的文学创作来说，创新思维是非常重要的（科研亦是如此）。创立新的人物形象、发现新的观点、形成新的叙事风格等，都离不开创新思维。写作从来都不是重复的，而是创新的。每次写作，都应该写出新人物，塑造新形象，提出新观点。不同国籍、文化背景的人看待事物的角度、方式不同，也是思维方式不同造成的。

在写作中，并不会仅仅运用某一个思维方法，而是综合运用。以上这些思维方法，有占主导的思维，也有次之的，但更多的是一种混合式思维，即在形象思维中，你也会运用抽象思维，让你的文章变得有情有理，情理交融。在抽象思维中，你会运用形象思维，让你的论证变得生动有趣，甚至有故事性。在逆向思维中，你会运用发散思维，以便寻找证据证明你的观点是正确的。混合式的思维写作，会让你的文章或作品变得生动、有趣，变得既有感性情感的流露又有理性的思辨。

---

① 王小波：《沉默的大多数》，中国青年出版社 1997 年版，第 165 页。

第四章　修辞想象：使你的作品达到更高的审美境界

这里讲的修辞是与想象联系在一起的词汇，指特定的创作方法和创作思想，并在这一创作方法和思想指导下创作出更高美学价值的写作哲学。

有人会有这样的阅读体会：有的作品读完了，就像一杯白开水，无色无味、寡淡无奇，没有令人回味的东西；有的作品读完了，就像走进了一座哲学、美学、艺术迷宫，仿佛开阔了思维，令你的思想飞越苍穹。比如《追忆逝水年华》《红楼梦》，都会让你产生这样的阅读思考。

《红楼梦》在中国可谓家喻户晓。人们对《红楼梦》有许多见解，也有许多研究，还成立了红学会。无论是对作者的研究，还是对作品内容的研究（语言、艺术、美学、哲学），至今仍然有许多谜一样的东西值得解开。为什么会产生这样的美学境界呢？就是因为红楼梦是在修辞想象的创作方法和创作思想指导下完成的。

修辞想象会让你的作品获得更高的艺术价值、更高的审美境界，而一切美学最高境界便是修辞想象。不管是创作还是欣赏，修辞想象都决定了一部作品的最高价值。

这里所说的修辞想象，并非语法中的修辞，语法中的修辞是创造语言的手法。修，是修饰的意思；辞，本意是辩论的言辞，后引申为一切的言辞，修辞本义就是修饰言论，是在语言创作过程中，运用多种语言手段以获得更好的表达效果的一种语言活动和方法。

当把修辞与方法组合在一起时，实际上是减少了其语言表达范围和表达力。我们常把修辞手法置于句子中，为造句服务，而不是指整个文章或作品的创作方法和创作思想。比如，常用的修辞手法比喻、夸张、排比、对比、象征、反问、比拟、借代、反语、双关、设问、顶针、反复等。这些修辞手法在中学都会学习，大家也都容易理解，而且在平常讲话和写作中，多数修辞手法也会运用。最常用的就是比喻、夸张、反问、对比等。本章主要介绍修辞想象作为一种创作方法和思想在写作与欣赏中的作用和审美意义。

修辞想象作为一种创作方法和思想，在中国古代的成语故事中有很多。比如《刻舟求剑》《画蛇添足》《守株待兔》《滥竽充数》《拔苗助长》《对牛弹琴》《掩耳盗铃》《黄粱一梦》《囫囵吞枣》等。

这些故事大多以寓言的形式出现在先秦诸子的散文中，是中国古人聪明智慧的结晶，更是古人在创作方法和创作思想上的一种意识的萌芽。可惜我们的文学批评并没有像文学创作那样发达，因而也没有总结出像西方现代派哲学影响下的文学创作思想。但是站在今天的文学批评立场再去解读这些古老的故事，反而有很多现代性的发现。

像《桃花源记》是非常具有现代派意识的作品，千百年来，人们还在解读。可见，通过修辞想象的创作方法写出的作品，能揭示出人类深层意识和思想，不同的时空背景下总能有新鲜的东西生发出来。可以不断解读与阐释可能就是经典的魅力。

当然，中国古代这一写作流派并没有像西方现代派哲学影响下的西方文学那样转向现代派写作，而是退化为志怪、怪异的鬼神写作了，虽然也有些意义，但没能进一步提升自己的境界。

一篇文章或作品的修辞想象，到底是指什么呢？对于一位有阅读修养的读者而言，修辞想象意味着什么呢？作为创作方法和思想的修辞想象，具体有哪些？

第一节　荒诞：生活的荒诞上升到美学的真实

作为词语，荒诞在《辞海》里的解释为：犹荒唐，虚妄不可信。极不真实，极不近情理，便是荒诞。在中国古代，对荒诞的理解，由虚妄不可信，演变为一种文学创作方法：宋朝的欧阳修《菱溪大石》诗："争奇斗异各取胜，遂至荒诞无根原。"这个荒诞意思是本意。但是到了清代纪昀的《阅微草堂笔记·滦阳消夏录六》，则是："虽语颇荒诞，似出寓言；然神道设教，使人知畏，亦警世之苦心，未可绳以妄语戒也。"这里的荒诞"似出寓言"，寓言就是一种修辞想象的创作方法。

那么，进入文学艺术创作的荒诞派方法和思想，是什么意思呢？

作为文学艺术创作思想来说，荒诞是一种客观事物存在状态的描述，所谓"极不真实，极不近情理"是也。表现在将真实世界的材料以反逻辑的方式进行组合，使人感到荒诞离奇。那么，产生这种荒诞有两种可能：一类是人的意识对客观事物的认知发生扭曲或幻象，另一类是客观事物本身与现实秩序分离。为什么人的意识会对客观事物的认知发生扭曲或幻象？也有两种可能：一是大脑受到刺激或创伤，是一种病态的意识反映；二是因为客观事物本身与现实秩序分离、脱序，现实世界变得"极不真实，极不近情理"，因而给人产生荒诞不经的感觉。

作为文学艺术创作思想，荒诞的创作方法和思想，是因为客观事物已脱离了正常社会秩序，产生与正常秩序相反的"真实"，因而给人以

"极不真实，极不近情理"的认知，这种创作方法所创作的真实是"极不真实"的真实，是"极不近情理"的真实，这也是一种真实，是人们对客观事物认知的艺术的"真实"。在这个"真实"基础上，生活的荒诞便提升到了美学的荒诞。

在《桃花源记》中，记述了一位渔夫走进桃花源，里面的人"自云先世避秦时乱，率妻子邑人来此绝境，不复出焉，遂与外人间隔。问今是何世，乃不知有汉，无论魏晋"。当渔夫走出桃花源时，里面的人又说"不足为外人道也"，就是不要告诉外人。

但是渔夫没有遵守诺言，出来是"处处志之"，然后报告了太守，太守"即遣人随其往，寻向所志，遂迷，不复得路"。到文章结尾："南阳刘子骥，高尚士也，闻之，欣然规往。未果，寻病终，后遂无问津者。"

毫无疑问，若把陶渊明的《桃花源记》当成志怪小说或是鬼神小说来读，则极大地降低了陶渊明的人生理想和哲学思考。从他的诗歌到这篇文章，从他"不为五斗米折腰"而挂冠辞去彭泽县令，他对人生对社会对哲学的感悟已远超常人见识和理解了。

这篇文章有极高的修辞想象能力：陶渊明虚构的桃花源，是"采菊东篱下，悠然见南山"的田园理想国，是他对现实社会战乱年代，人的生命没有安全保障，颠沛流离的荒诞世界的认知。这是一个时局始终动荡不安的时代，战乱频繁，太平短暂。朝廷中政治贪腐，权贵争权夺利，仕途险恶，官场上充斥着贪腐贿赂之风。而两晋南朝门阀制度森严，平民阶层的有志之士不能施展抱负，悲愤不已。他认为每个人的生命都应该是自由自在、自给自足的，是"阡陌交通，鸡犬相闻，其中往来种作，……并怡然自乐"的生活。

文中并未仅仅描写桃花源的世外生活，而是让渔夫进入之后又出来，回到现实的场景。但是，他并未遵照桃花源里人的告诫，反而禀报了官府。后来太守派人去查，即使渔夫在路边做了记号也没有查到。在陶渊明看来，国家的战乱纷争，都是官方利益集团给天下百姓带来的灾祸，自然，不会让官方寻到此处，即使是南阳刘子骥。

刘子骥在历史上确有其人，并且是陶渊明的一个远房亲戚，两人志趣相投，经常结伴游山玩水，刘子骥探访桃花未果，"寻病终"，这件事是作者虚构的，增加了故事中桃花的神秘性以及真实性。

但是，在开篇第一句又是现实真实的朝代，真实的地点：晋太元中，武陵人捕鱼为业。这种将现实的真实与荒诞的真实融为一体，更强烈昭示荒诞并非"极不真实，极不近情理"，恰恰相反，是超越现实真实的美学真实，因而给人以极强的审美感染力。

当陶渊明把自己身边真实的人物也写进桃花源的故事之后，在这样平实的语言背后，是对现实社会真实且无力的反抗以及悲天悯人的绝望。刘子骥到死都没有找到桃花源，是作者虚构的桃花源荒诞还是现实社会以及人们生活境遇的荒诞？谁更真实，谁更荒诞？

"后遂无问津者。"这是《桃花源记》的最后一句话，你不觉得作家是多么绝望吗？桃花源的人类生活真的不可再现吗？真的没有了吗？作家的悲怆之情跃然纸上！

陶渊明的《桃花源记》在中国古代文学中是一个美学另类，昭示了另一种更加"真实"的写作方法和思想的诞生。只是，在千百年之后，并未形成一种创作流派。

当我们以这样的修辞想象去阅读作品时，我们和作者一起达到了一种新的审美境界，这样的创作手法在很多现代派小说当中经常被采用。卡夫卡小说《城堡》，写主人公K为了获得城堡的居留权，无论怎样努力无论采用什么方法都徒劳无功。小说借助K的遭际传递出一种浓重的虚幻感。

K周围的世界一片混乱与荒谬，渺茫神秘莫测，一切仿佛在梦魇之中。我们在学习写作的过程中也可以尝试把不容易或者不方便直接表达的观念借助荒诞的外衣传递出来。

第二节　拟人：换一个角度看待时代

作为一种修辞方法，拟人就是把事、物人格化，把本来不具备人类动作和感情的事、物变成拥有和人一样的外表、个性、动作和感情的样子。这里的事或物，既可以是物体，也可以是动物，甚至还可以是思想或抽象概念。

但是，作为创作方法和创作思想的拟人修辞想象，可以把事或物人格化，也可以把人异化为事或物，其核心创作方法就是通过异化、变形（人异化为物，物变形为人）的创作思想，换一个视角看待"这一个"社会，因而增强了作品的审美力量，不仅使文章更加生动、形象、具体写出某事物的某个特点，又有了拟人化之后特有的具象效果，而且，使作品上升到哲学、美学的新高度。

在中国古代小说中，也经常运用这种修辞想象来创作，比如吴承恩的《西游记》、蒲松龄的《聊斋志异》。这样的创作思想，无论是人异化为物，还是物变形为人，都是以社会真实的生活为前提，按照人性或物性展开叙事，在看似荒诞之中，蕴含着丰富的审美哲学，令人遐想。

奥地利伟大作家弗兰兹·卡夫卡于1912年创作的《变形记》，就是运用拟人（拟物）修辞想象，创作的一部世界名著，至今还是中国大学文学类专业学生必读的书目。

小说写的是：一天早晨，格里高尔一觉醒来，突然发现自己变成一只大甲虫。小说中并没有写出作为人的格里高尔是什么样子，却通过异化为动物——令人讨厌、恶心的大甲虫来叙事，他具有人的意识和品格，但同时又是一只毫无益处的、令家人讨厌的大甲虫。他具有人性与虫性。他作为人时，是一家公司的旅行推销员，长年奔波在外，辛苦支撑着整个家庭的开支。当还能以微薄的薪金供养他那薄情寡义的家人时，他是家中受到尊敬的长子，父母夸奖他，妹妹爱戴他。当他有一天变成了甲虫，丧失了劳动能力，对这个家再也没有物质贡献时，家人一反之前对他的尊敬态度，逐渐显现出冷漠、嫌弃、憎恶的面孔。父亲恶狠狠地用苹果打他，母亲吓得晕倒，妹妹厌弃他。渐渐地，格里高尔远离了社会，最后在家人的嫌弃、唾弃中，孤独痛苦地在饥饿中默默死去。

虽然距离小说诞生已有100年了，但是，这个荒诞不经的故事，揭露了人类社会一个普遍的社会和人性问题：即使是直系亲人，在利益面前，人性也是会被异化的！格里高尔异化为大甲虫之后，他的父母和妹妹对他的态度的转变，不正是他们人性被异化了吗？

《变形记》中格里高尔的遭遇反映了这个人类社会唯利是图、对金钱顶礼膜拜、对真情人性冷漠，最终被社会挤压变形的现实，反映了人类社会普遍的真实的社会生活。

人被社会异化与社会异化了人，是同一个道理，因为人即社会，而非物即社会。社会是人的组织化，人是社会的个体单元。自古以来，人被异化现象一直存在，古今中外皆有。人在极端生存境遇下，心理就会发生质的变化，不再保持被教化的文明，而变得对社会持否定对自己也持否定的心态。在这样极端意识下，人对社会便产生不信任感甚至是恐惧，此时，社会是扭曲的，是变形的，人被这样的社会压榨，其肉体要么被他人破坏，要么破坏他人，其意识要么被扭曲，要么被损害，社会就会以一种变形的方式呈现在眼前。

王小波著的《一只特立独行的猪》，写的是作者在农村插队养猪的一段传奇故事。这个故事主角不再是人，而是物——动物，一只"与众不同"很有人的智慧的猪：

我喂猪时，它已经有四五岁了，从名分上说，它是肉猪，但长得又黑又瘦，两眼炯炯有光。这家伙像山羊一样敏捷，一米高的猪栏一跳就过；它还能跳上猪圈的房顶，这一点又像是猫——所以它总是到处游逛，根本就不在圈里待着。

……

吃饱了以后，它就跳上房顶云晒太阳，或者模仿各种声音。它会学汽车响、拖拉机响，学得都很像；有时整天不见踪影，我估计它到附近的村寨里找母猪去了。我们这里也有母猪，都关在圈里，被过度的生育搞得走了形，又脏又臭，它对它们不感兴趣；村寨里的母猪好看一些。

……

后来，猪兄学会了汽笛叫，这个本领给实验室招来了麻烦。我们那里有座糖厂，中午要鸣一次汽笛，让工人换班。我们队下地干活时，听见这次汽笛就收工回来。我的猪兄每天上午十点钟总要跳到房上学汽笛，地里的人听见它叫就回来——这可比糖厂鸣笛早了一个半小时。[1]

王小波去世已有20多年，至今读他这篇名作，仍然是"流泪的微笑"，流泪是因为在荒诞的时代，想做一只特立独行的猪都很难，何况做这样的人呢？笑，则是作者运用了高级的拟人修辞想象创作方法和创作思想，给人以风趣幽默的阅读审美。但是在这样似猪似人、似真似假的叙事之中，给我们揭示的是"被别人设置的生活"带给人类的悲哀的境遇。

显然，这头猪已经不是一般的猪了，所谓"特立独行"，已完全拟人

---

[1] 王小波：《沉默的大多数》，中国青年出版社1997年版，第164—165页。

化了，当物在人的眼里都变形成人的时候，你觉得是在写物吗？当然是在写人。更可悲的是，此时的这只猪尚且可以特立独行，因为自己有本领，甚至没有被捕杀。但是，作为人，你真的可以"特立独行"吗？当这个反问提出来时，我相信每个读者都会和我一样思考这个问题。《一只特立独行的猪》用表面的荒诞不经，诉说了作者自己内心真实的生活遭遇，蕴含了丰富而深刻的思考。

毫无疑问，这篇作品是极具哲学审美的作品，这只特立独行的猪，成了超越时代的一个审美形象。这个审美形象不是猪，而是人，是猪被变形，成了人；是人被异化，成了猪。

第三节　象征：从抽象到具象

象征，艺术创作的基本手法之一，指借助某一具体事物的外在特征，寄寓艺术家某种深邃的思想，或表达某种富有特殊意义的事理的艺术手法。象征的本体意义和象征意义之间本没有必然的联系，但通过艺术家对本体事物特征的突出描绘，会使艺术欣赏者产生由此及彼的联想，从而领悟到艺术家所要表达的含义。

我们在读某些大家的作品的时候，有时候确实读不懂，觉得深奥，不明白写的是什么，余华曾说，在36岁之前很讨厌鲁迅的作品。看不懂的原因之一就是鲁迅的小说充满了象征的意味。比如《药》《狂人日记》《故乡》《白光》《示众》《长明灯》《补天》等。

象征用具体事物表现某些抽象意义，不可见的某种物（如一种概念或一种风俗）的可以看见的标记，也指用部分事物代表全体，用于表示某种特别意义的具体事物、迹象、特征。可以将某些比较抽象的精神品质转化为具体的可以感知的形象，用具体的事物表示某种特殊的意义，也可以用部分的事物来代表全体。如鲁迅《华盖集续编·不是信》中所说："正如中国戏上用四个兵卒来象征十万大军一样。"

很多动植物都具有象征意义，比如龙在中国文化里面象征着至高无上的皇权，我们用"龙袍加身"代表权力的获得。又如麒麟代表了吉祥如意，松鹤、乌龟等代表了健康长寿。

周敦颐的《爱莲说》大家耳熟能详，周敦颐以莲花象征人，借莲花来赞颂君子的美德以及具备这些美德的君子，莲花变成了出淤泥而不染的道德君子的象征。因陶渊明"采菊东篱下，悠然见南山"，菊花变成了隐逸者的象征。

另外，根据传统习惯和一定的社会习俗，选择人民群众熟知的象征物作为本体，也可表达一种特定的意蕴。如红色象征喜庆、白色象征哀悼，喜鹊象征吉祥、乌鸦象征厄运、鸽子象征和平、鸳鸯象征爱情等。运用象征这种艺术手法，可使抽象的概念具体化、形象化，也可使复杂深刻的事理浅显化、单一化，还可延伸描写的内蕴、创造一种艺术意境，以引起人们的联想，增强作品的表现力和艺术效果。

象征可分为隐喻性象征和暗示性象征两种。象征不同于比喻，它比一般比喻所概括的内容更为深广，有的作品的艺术形象，甚至全用象征手法表现出来。"象征"这一词最早出现在古希腊文中，意为"一剖为二，各执一半的木制信物"，但随着词意的不断衍生，如今的"象征"的意义渐渐地演变为以一种具象形式代表一种抽象事物。

象征手法具有强大的表现效果，寓意深刻，能丰富人们的联想，耐人寻味，使人获得意蕴无穷的感觉；能给人以简练、形象的实感，能表达真挚的情感。

象征手法是根据事物之间的某种联系，借助某人某物的具体形象（象征体），以表现某种抽象的概念、思想和情感。它可以使文章立意高远、含蓄深刻。恰当地运用象征手法，可以将某些比较抽象的精神品质化为具体的、可以感知的形象，从而赋予文章深意，给读者留下咀嚼回味的余地。

鲁迅小说《狂人日记》中，象征手法占主导地位，作者借助象征表达小说主题。作者通过狂人的"狂言狂语"，把社会现实的本质暗示给读者。文章写到，狂人觉得："屋里面全是黑沉沉的，横梁和椽子都在头上发抖，抖了一会儿，就大起来，堆在我身上。"这段文字不仅表现狂人所感受到的心理压力，同时也象征社会黑暗，揭示封建势力万分沉重，压得人喘不过气来。同时作为叙事主人公的"我"从写着"仁义道德"的书上，从字缝里面看出"吃人"两个字。这既是狂人的幻觉，也是用"吃人"二字象征了几千年封建宗法制度和封建礼教的罪恶本质。作者用象征手法巧妙把狂人混乱之极的语言同反封建的主题联系起来，收到良好的艺术效果。

第四节　隐喻：认知的外化

隐喻是一种比喻，用一种事物暗喻另一种事物，是隐藏比较的一种修辞手段。巧妙地使用隐喻，可以使叙述更加生动、简洁。隐喻是在彼类事物的暗示之下感知、体验、想象、理解、谈论此类事物的心理行为、语言行为和文化行为。隐喻的表达方法：A是B。因为隐喻必须符合：①甲和乙必须是本质不同的事物，②甲乙之间必须有相似点。本体、喻体都出现，中间常用比喻词"是""似""变成"等连接，有时不用比喻词。

诗歌，特别是现代以来的诗歌，在词句搭配方面有重要特点，喜欢突破词句之间的习惯联系，把一些似乎毫无关联的事物联系到一起。把相互之间似乎缺乏联系的词句结合在一起，新批评家一般称之为隐喻。

　　隐喻在诗里非常普遍，在散文、小说里，恰当地运用隐喻也很重要。隐喻是20世纪80年代以来认知语义学研究的焦点，被认为是人类认知的一种重要方式。从结构上看，隐喻由本体、喻体和喻底组成。在话语层次，许多成语、谚语也是隐喻性的，如守株待兔、对牛弹琴。苏轼在他著名的诗歌《题西林壁》中就用到了隐喻："横看成岭侧成峰，远近高低各不同。不识庐山真面目，只缘身在此山中。"这里他并没有说他用岭峰来比喻什么，他只是借助这个形象，告诉大家一个抽象哲理：人们陷在事物之中，很难看清真相，如果人们没有开阔的视野，就看不到全貌，容易被一些现象蒙蔽。《西游记》孙悟空的大闹天宫，唐僧师徒取经路上的妖魔鬼怪，细细分析起来各有所指，因此《西游记》这本书中就充满各种隐喻。

　　瑞士作家迪伦马特的《抛锚》。从标题到语言、从情节到结构各方面都使用了隐喻，因此成为世界经典。小说中提到火神抓住妻子偷情，也隐喻着小说主人公自己的偷情故事。这位火神还制造了潘多拉和潘多拉魔盒开启人间灾难，用来隐喻"二战"后普遍的道德灾难。游戏是对现实的模仿，诞生于1955年的《抛锚》那场游戏中人物的沉溺状态，对于今天很多年轻人陷入游戏不能自控，以及娱乐至死的状况都是超前的、强大的隐喻。

　　小说的题目《抛锚》也隐喻了人类的道德在现代社会的困境。主人公的这次抛锚，也把自己抛出了原有生活，再也没能回来。

　　隐喻作为文学的修辞手法同样进入电影艺术领域，衍生了众多构成隐喻的元素。电影可以在视觉上将物件细节、仪式以及特殊的场景构成隐喻，从而形象而含蓄地揭示主人公的性格，预示人物的命运。《复仇者联盟》中灭霸的手套和响指，《蝙蝠侠暗黑骑士》中小丑满脸的油彩，

《小城之春》中颓败的小城都是典型的视觉隐喻。除此之外，电影作品中常见的隐喻构成元素还有音乐和音响，尤其是音响的巧妙应用，可以含蓄地点明作品的主题意蕴。《大红灯笼高高挂》就通过捶脚的音响隐喻了男权掌控之下囿于院落的女人的悲剧命运。隐喻在这些作品中不仅是一种修辞手法，也是一种思维方式。

第五章　阅读方法：知识决定写作的思想和观点

自从诞生了文字，它一直伴随着人类，形影不离。有了文字就有了阅读和写作。写作、阅读再到阅读、写作，如此循环往复，人类的文明才得以延续、发展、壮大。人类的未来仍然是靠阅读和写作。阅读和写作是分不开的，没有阅读就没有写作，没有写作就没有阅读，两者是相辅相成的关系。所以人类一切文明成果都是以这样的方式产生、传承和发展的。

阅读是把过去人类的智慧、才华、经验传递下去，写作是当代人把自己的智慧、才华、经验记录下来。通过阅读，可以让当代人站在前人的肩膀上，有一个更高的起点。

关于书籍和阅读，有无数知名人士都发表了自己的真知灼见：

高尔基：书籍是人类进步的阶梯。

杜甫：读书破万卷，下笔如有神。

雨果：书籍，造就灵魂的工具。

列夫·托尔斯泰：理想的书籍是智慧的钥匙。

……

以上这些名言，是经过时间检验，大浪淘沙之后保留下来的智慧之语，今天来看，都是千真万确的。

当下这个时代的写作，与传统纸媒时代的精英写作是不同的，每个人的文化程度、知识积累、阅读视野有很大差异。但是，若把写作作为自己的生命表达方式，作为与他人沟通交流的方式，就要提高自己的写作能力。首先作为基础的还是阅读。

这个时代是一个文化和信息快餐式生产、消费的时代，很多信息、生活体验都来不及深入思考、冷静研究，便迅速传播了。但这样的生产（写作）是浅层次的，并不需要多么高明的智慧，也难有多少真情实感的流露，因而难以产生伟大的作品。同样，阅读这样的文章和作品，对自身也不会有太大的提升。

阅读是写作不可分割的一部分。阅读可以给大家带来累积下来的人类智慧、知识和经验，提高你的写作表达力。

第一节　读什么书：不要只读一类书

在谈及读什么书时，鲁迅在《致颜黎民的信》一文中说：

昨天收到十日来信，知道那些书已经收到，我也放了心。你说专爱看我的书，那也许是我常论时事的缘故。不过只看一个人的著作，结果是不大好的：你就得不到多方面的优点。必须蜜蜂一样，采过许多花，这才能酿出蜜来，倘若叮在一处，所得就非常有限，枯燥了。

专看文学书，也不好的。先前的文学青年，往往厌恶数学、理化、史地、生物学，以为这些都无足重轻，后来变成连常识也没有，研究文字固然不明白，自己做起文章来也糊涂，所以我希望你们不要放开科学，一味钻在文学里。[①]

他在《致董永舒信》中，也是如此告诫文学青年：

此后要创作，第一须观察，第二是要看别人的作品，但不可专看一个人的作品，以防被他束缚住，必须博采众家，取其所长，这才后来能够独立。我所取法的，大抵是外国的作家。[②]

鲁迅这两篇文章至今也有近百年历史了，现在读到，真的感知到作为一位伟大的作家那种真情，那种胸怀和智慧，是现在很多人做不到的。

颜黎明原名颜帮定，是四川的一个农村孩子，后考到北平宏达中学读书，1935年被怀疑为共产党员因而被捕，出狱后他用颜黎明这个名字给鲁迅写信，鲁迅也及时回复了他。当时颜黎明是一名小学教员。董永舒在广西桂林一个中学任教，写信给鲁迅向他请教创作的问题。

那时没有电脑，没有手机，没有社交媒体。鲁迅收到颜黎民他们这些文学青年的信，需要拿出笔和纸来写，然后装进信封，贴邮票，再投寄。这对于一个视时间为生命的作家来说，是消耗他的生命的。鲁迅的伟大之处，在于他仍然乐此不倦地帮助这些文学青年，给他们寄书，教他们写作。这些文字今天读来，仍然倍感亲切。

鲁迅在谈及怎么读书时，关键提到了两点：一是只看一个人的书是不好的，二是不要只看文学书。直到今天，这两点对我们写作仍然具有跨越时空的指导价值。

第一，要广泛阅读。现在是信息化时代，信息种类杂乱、数量庞大，每天都会在手机上接触到很多。阅读，尤其是读书，变得越来越奢侈。很多人不读书，或者只看网络书，缺乏深入阅读。手机上刷屏，成为这个时代最普遍、最普通、最消耗时间和精力的事情。我们常常因为无聊而刷

---

① 鲁迅：《鲁迅全集》第14卷，人民文学出版社2005年版，第76—77页。

② 鲁迅：《鲁迅全集》第12卷，人民文学出版社2005年版，第434页。

屏，因为刷屏而更加无聊。

现在不同于100年前鲁迅的时代，那时的书籍与大众还是有一些距离的。只有读书人才会找几本看看，而外国的书更少。不过仍然有很多人因为喜欢某位作家而沉浸于其中，不能自拔。如鲁迅所提醒的"不要只看一个人的书"。作为写作者，可以先看某位你喜欢的作家的作品，但不能只一味地看他的，就是模仿也永远模仿不到他的高度。我有一段时间天天捧着鲁迅杂文集看，甚至想学他的语言风格，但终究成不了鲁迅。我也时常看其他现代作家的作品，广泛涉猎。鲁迅杂文的精神、其他作家作品的行文构思都为我提供了艺术营养。

第二，不要只看文学书，这一点在今天看来尤为重要。很多文学写作者，只读文学作家的书，这终究会限制了自己的视野。每位作家的作品都有局限性，都只是他一个阶段的创作结果，而不是对整个世界、整个社会、整个人生思考的结果，你需要更开阔的知识去理解、去捕捉。现在人的思维是多向的，在信息如此高速交换的时代，守着唯一的知识圈子是很可怕的，很容易变成鲁迅说的"读死书"的"书呆子"。

读杂书很重要。鲁迅说，要读数学、理化、史地、生物学，我看现在还要更广泛，比如宇宙学、生命科学、医学、信息科学、心理科学等。因为在科技如此发展，信息传播速度如此快捷的时代，它们对人的精神、心理、性格产生了什么影响，以及这种影响又以怎样的写作来表达，这些都是可以探索的。

也就是说，现今的写作已经不能充分传达这个时代的发展了，已经回答不了这个时代的人类精神、心理、性格、思想等诸多问题了。只有多读书，读各方面的书，才有可能产出伟大的作品。

第二节 怎么阅读：带着思考去阅读

阅读有很多的方式方法，可能适用于不同的人，不同的书籍，不同的场景。很多人也会在自己的阅读生涯中养成自己的某种阅读习惯。有自己的阅读模式固然是好事，跳出舒适圈子了解学习更多的方法会让你的阅读更有效率。

一、泛读

所谓泛读，就是广泛阅读，尽可能地多读。世上好书很多，就算一天读一本书，一年才读360本，想要读尽那些优秀的作品显然是不可能的。因此，我们首先想到的是泛读。泛读不是拿着翻翻，知道作者、书名和简介就可以了。那么怎么泛读呢？我们需要注意以下三点。

一是选择书的专业类别要广泛，就像鲁迅所说的那样。若是文学专业的或者兴趣爱好者，可以多读哲学、政治学、历史、法律、经济、地理等方面的书，这样就能拓展写作的空间；若是工科专业的又爱好写作，应该多读读文学、历史、政治等方面的书，写作就有具体的指向性，或者能落地了。

二是泛读的时候，注意挑选书的核心内容阅读，并不一定每本书都从头到尾地仔细阅读，没有那么多时间。挑选核心的内容阅读，也是要认真读的，掌握其中的知识点和观点，为自己写作所用。

三是可适当选择一些当下流行的书来泛读。当下新出版的书，有些是新的研究成果，有些是针对最热点话题的创作，可以选一些泛读。这主要是及时了解当下的学术、科研前沿成果，紧跟时代的发展，接收新的知识和观点，以便更新自己的观点，也能对获得的信息做出敏锐的、及时地反应。我们的写作涉及社会上形形色色的人，互联网时代基本每个人都可以成为写手。

也许有人说，泛读没有什么用，只知皮毛，不知深浅。但是，泛读可以把更多的知识联系起来，疏通知识（专业）间的鸿沟，打通思维与知识之间的路径，做到联想面更广、思维路径更宽。写作的一种重要思维就是联想，知识面越广阔，联想和想象就越强大。

二、精读

除了泛读之外，精读也是极其重要的阅读手段。因为只有精读，你才能真正对所读书籍的知识全面掌握。精读就是对重要文章和书籍进行细致的、反复的钻研，掌握它们的思想内容和观点，并活学活用。那么我们要去精读哪些书籍呢？

一是读名著。和泛读不同，精读是要花大量时间的，因此在挑选书籍时，要有强烈的目的性，是功利主义式的阅读。也就是说，我们选择一本书和文章进行精读，学习它，就是要使用它。比如你想写杂文，就去研究鲁迅的杂文的语言风格，研究他的思维表达方式等，精读他的优秀杂文，你的杂文写作能力就提高了。精读名著，让你的写作事半功倍。名著是经过时间淘洗之后的精华读本，是有独特的学习价值的。不管是文学名著，还是自然学科、社会学科的名家著作，都是值得精读的。大家感兴趣，可以到网上或网络书店上查找。

二是读专业的书。所谓专业的书，就是特指某些学科的专著。如果你是某专业学科的研究者，或对某学科感兴趣，或者说是擅长或喜欢这一类写作题材，那你一定要精读这个专业的知名专家的专著。这样就能系统地掌握这个专业的知识，将来写作的时候，就不会犯专业知识性错误。比如法律专业、经济专业、历史专业著作。精读专业的书，就是能把这个专业在大脑里系统化、逻辑化、专业化，遇到这类专业问题的选题，就不怕写不出来。

因为，专业知识体系的建构，是写作的前提，是写作的基础。精读专业书，是打好写作的基础。基础越牢，写作时就不会犯专业错误，反而为写作增强专业说服力，树立专业权威。比如写时评，这类文章在任何时代都有它的生命活力，今天很多公共视频号，经常对热点问题发表自己的观点，就是视频版的时评。所有这些视频都有文字版的基础创作。若只是发发牢骚、散播情绪，则是写不好的。只有储备丰富的专业知识，时评才能写得有说服力，才能有逻辑论证，才能得出正确的观点。

三是边读边思考。关于怎么读书，大家的表述更加精要。法国大作家卢梭说："读书不要贪多，而是要多加思索，这样的读书使我收益不少。"读书不要贪多，而是要多加思索，要读对自己有益的书，讲究功利性，不要漫无目的地读，带着问题去读，从书中汲取营养，引发思考，与写作之间建立联系。

中国的老夫子朱熹在谈及读书的方法时说，读书有三到，谓心到、眼到、口到。前两者好理解，心到不仅是要记住书中的要点，还要做到思索，所谓举一反三，就是思索的结果。精读是要做些笔记，做些批注的。读者还可以把阅读时思索的过程记录下来，这些阅读时思考的点滴、精妙的感悟，对当下的写作绝对是有益的。这些感悟也许对你以后的写作计划产生影响，这些属于你自己的思想和观点，已融入你的血脉之中。

精读就要分析作品，分析作者写作思维、作者的思想、题材的类别、叙事的能力和技巧以及作者的语言风格。

三、研读

研读是为创作而准备。如果我们有一个写作计划，要写一部小说，或者一篇散文、一篇时评，那么就要对所关注的题材做一番全面了解，掌握更多的信息、素材以及观点。写作者就需要对一些书籍和文章进行研读，也就是要做专题研究。

如果是写小说，那么，我们就需要查找与小说创作相关的那段历史、社会环境、时代背景、地方史志。如果要寻找恰当的语言表达，寻找合适的叙事方式，也许还要研究其他作家作品的叙事风格。比如陈忠实在写作《白鹿原》时，在叙事风格上就汲取了《百年孤独》的写作技术。开篇第一句话："白嘉轩后来引以为豪壮的是一生里娶过七房女人。"这与哥伦比亚作家加西亚·马尔克斯《百年孤独》开篇第一句话的叙事风格是何等相似："多年以后，奥雷连诺上校站在行刑队面前，准会想起父亲带他去参观冰块的那个遥远的下午。"

诚如陈忠实所说，他受到拉美魔幻现实主义小说影响。"我在卡朋铁尔富于开创意义的行程面前震惊了，首先是对拥有生活的那种自信的局限被彻底打碎，我必须立即了解我生活着的土地的昨天。"[1] 卡朋铁尔是拉美魔幻现实主义小说的先驱，是马尔克斯的前辈。

即使是写散文、时评这类小文章，你的资料准备以及专业准备也是必需的，当然，这类小文章，也许不需要像写一部类似《白鹿原》一样的大部头著作那样进行广阔又烦琐的研读。

创作前的研读，要多查阅书籍，不要以查百度作为阅读，代替阅读。进入写作状态，一定要查地方志、县史志、市史志、省史志，查档案馆资料，这会让你有丰厚的创作源泉。假如写科幻写穿越小说，即使它是虚构的，仍然需要查阅资料。你对宇宙的了解和认知，对天体运动的规律的认知，对宇宙的想象，这些都需要符合逻辑或者有依有据，才会使你的写作更具现实性和真实感。

---

① 陈忠实：《寻找属于自己的句子——〈白鹿原〉写作手记》，《小说评论》2007 年第 7 期。

第三节 阅读功能：为写作提供精神食粮

人们常说，阅读是写作不可分割的一部分，并不是说阅读代替了写作，而是为写作提供丰厚的精神食粮。它包括积累词语、提高遣词造句的能力、丰富词语表达力、形成语言艺术风格、学习他人的叙事技术和写作方法、训练逻辑思维能力、汲取篇章结构的营养……几乎可以说，阅读会给写作带来无穷的食粮，正如鲁迅所说："吃的是草，挤出来的是奶。"

鲁巴金是俄罗斯图书学家，创立了阅读心理学理论。他在谈及读者阅读的价值时说："读书是在别人思想的帮助之下，建立自己的思想。"这是一条关于阅读的至理名言。书籍是全人类智慧的结晶，为人类智慧的源泉，你只要花很少的钱，就能买到这么多前人的智慧，是何等幸运的事！

每个人的思想都是后天教化的结果，即使有实践出真知，也需要你能从社会实践中真正感悟出来。比较捷径的方法是阅读，汲取他人的思想，来构建自己的思想。对于写作者来说，阅读可以直接获得如下写作食粮。

一、模仿

高尔基说："书是一种奇迹，那里面藏着作者的灵魂，打开书把这个灵魂解放出来，它就会神秘地跟我交谈。"这样的交谈，就是阅读。优秀的图书和文章总是给你以智慧的启迪。它像一位智者充满迷人的智慧，你思想的贫乏在阅读中得到补给；又像是一位朋友和你促膝谈心，与你心心相印，你的困惑在阅读中得到解答；又像是父母给你以温暖的关爱，这种关爱不仅能解决肉体的营养，更重要的是解决了精神营养，成长为一个自立自强的人。

几乎每个写作者，都是从模仿开始。就像娃娃学走路一样，在长辈的牵引下，模仿大人的样子，一步一步地挪着小脚向前走，直到自己独立行走。

作为写作者，若喜欢写古典诗词，则可以多看看唐诗宋词等中国传统诗词；若喜欢写散文，则可以多看看各类散文大家的作品；若喜欢写杂文，则可以多看看鲁迅等人的杂文，或者当代杂文大家文章；若喜欢写小说，则可以多看看中国小说大师的作品。

读了之后，你总会有感悟的，或是喜欢作品开头的叙事风格，或是喜欢作品论述的方法，或是喜欢作品思想立意，或是喜欢作品独到的结构特色……这些东西看多了，就慢慢转化为营养，流淌在你的血液里，化为思想和写作能力。

鲁迅说，他喜欢看国外的文学作品，他的作品也带有很强的西方现代小说的痕迹。可以这样说，中国近现代以来的作家写作都离不开外国优秀文学作品的滋养，这种滋养最初就是通过模仿、借鉴达成的。

关于模仿，有三个问题需要澄清。

首先，模仿不是抄袭。抄袭是对原作的复制、粘贴，是对著作的原封不动地搬运，剽窃侵害了原作者的著作权。模仿是借鉴，是对原作的潜心学习，比如诗歌的吟诵，以达到对诗词格律、意境的揣摩，领悟词语创作的规律。再如散文的仿写，分析散文写景、摹物、抒情、言志的手法，甚至一个非常精彩的句子模拟，以便掌握散文写作的观察生活、感悟生活、表达情感的方式方法，从而慢慢提高自己的写作能力。

其次，模仿不是目的，不是写作的结果，而是写作的起步。这是初学写作者特别要记清楚的事情。就像扶着孩子学走路一样，最后是让孩子自己会走路，不仅是身躯的行走，我们还会联想他将来人生的路怎么独自行走。很多写作者最初写作就是模仿，但模仿之后，越来越像某位作家的作品，这是不好的。所以，在学写作的时候，千万不要只看一个人的书，鲁迅的告诫是有价值的。

最后，创新才是写作的目的。通过模仿积累一定的写作经验之后，你要坚持写作，写出自己的东西。什么是自己的东西呢？一是自己对生活的观察感悟，二是自己的观点，三是自己的表达方式。写出自己的东西，就是创新。任何有价值的写作都是创新，都是你的孩子，值得呵护。

二、灵感

灵感，也称灵感思维，是指文艺、科技活动中瞬间产生的富有创造性的突发思维状态。牛顿坐在苹果树下，看到苹果掉下来，发现了万有引力，便是大家都熟悉的灵感例子。以我个人的写作经验来说，所谓灵感，就是在日思夜想某个写作题材时，在某个时间点，突然的觉知，如同一把钥匙，把原来紧闭的思绪大门打开了。于是，你的文思如泉涌一般，写作便如行云流水，或水到渠成了。这种无意中突然的思维通畅，就是灵感的触发。

作家的创作灵感来源于很多方面。有时，突然被眼前的景、物、人、事、情等所感染，突然引发其他联想和想象，便能成为写作的"药引子"。

在文艺、科技活动中，灵感不是虚无的神灵降临，而是由于勤奋学习，努力实践，不断积累经验和学识而突然产生的创作冲动或创造能力。因此，若想捕捉到灵感来敲你的写作大门，则需要注意平常的学习、观察和思考，使自己的大脑处于一种写作的精神状态。这样，灵感就会时常光顾你的头脑。

美国作家莫利曾说："书的真正目的，在于诱导头脑自己去思考。"拜耶也曾说："书籍的唯一真正用处，是使人能自己去思考，如果有不能引人思考的书，便不值得占书架一席之地。"

这里，两位作家关于读书的精彩观点，核心就是阅读要伴随着思考，不是为了读而读，而是边读边思考，读后更要思考。在这个阅读过程中，便有灵感突袭。由他人文章提供的信息、材料、思想、观点激发起你自己对某个话题的思考，由他人的写作延伸到自己的写作。

创作可能会在这样的阅读过程中产生。灵感、智慧、书籍便成为你创作的信息触发器。这是一个通往写作成功的秘诀，很多作家都是如此。只是作家不会直接告诉你，他是在阅读中产生创作的冲动，产生创作的灵感，激活创作的素材和主题形象、故事情节。

三、形成自己的思想

如果边阅读边思考，随着阅读广度和深度的增加，读者就会慢慢形成自己的思想和价值观，以及这种思想和价值观的承载方式，慢慢形成观察世界、感悟生活的角度和能力。一个拥有自己的思想的作者，他的作品才可能有立场、有深度、有情怀。阅读中形成自己的思想是成为一个优秀写作者的基础。

一些伟大的作家都是思想者，他们的写作都是建立在自己认识世界，认识社会特有的思想基础上的，也是建立在自己广泛阅读基础上的。

按照一般认知，鲁迅是中国现代伟大的文学家、思想家、革命家。他的思想形成和转化也是随着他的阅读转化和视野扩展而发生变化的。这个变化：一是内在思想需求的变化，二是外在环境影响的变化。前者是他的阅读影响，慢慢形成他的价值观，他就会更有选择阅读他感兴趣的符合他的价值观的书籍，进一步完善他的思想体系。1898年，16岁的鲁迅离开故乡，考入南京江南水师学堂。第二年因为不满学堂"乌烟瘴气"的环境，改换到江南陆师学堂附设的矿务铁路学堂。

这个阶段鲁迅广泛接触西方自然科学和社会科学，读《天演论》，受维新思潮和进化论学说的影响，开始形成"将来必胜于过去，青年必胜于老人"的崭新的社会发展观。1902年，20岁的鲁迅以优异成绩被官派赴日留学。他在东方弘文学院学习日语，然后到仙台医学专门学校学习医学。在资产阶级民主革命浪潮的影响下，鲁迅课余"赴会馆，跑书店，往集会，听讲演"，立下了"我以我血荐轩辕"的志向。大量阅读西方近代民主科学书籍，使鲁迅看旧中国更加透彻、更加深刻。1906年，24岁的鲁迅眼看到同胞的愚弱，认识到改变国民精神的重要，毅然弃医从文，将笔作为自己救国救民的战斗武器。这段经历在他著名的散文《藤野先生》中有所记述。

鲁迅认为，中国的严重问题在于人，不在于物；在于精神，不在于物质；在于个性，不在于"众人"；要"立国"，必先"立人"，而"立人"的关键在于个性的觉醒与精神的振奋。他一直抱着"启蒙主义"文学观。鲁迅与李大钊、陈独秀等当时许多先进知识分子一起写文章，办杂志，积极倡导新文化、新思想、新道德，抨击几千年来的旧文化、旧思想、旧道德。1918年，26岁的他发表了我国现代文学史上第一篇白话小说《狂人日记》，完成了从周树人向鲁迅的蜕变。此后，他创作了《孔乙己》《药》《阿Q正传》等小说和大量的杂文随笔时评，成为新文化运动的先驱和中国现代文学奠基人。

简单回顾鲁迅的创作生平，我们可以看到一位作家的思想形成与阅读有关，与现实的思考有关，也与坚持不断写作的推动有关。

建议热爱写作的人，多读一些优秀作家的传记，了解他们思想的形成，以及与写作之间的关系，这对自己的写作成长是极有帮助的。

四、积累素材

说到写作材料，包括生活素材和文字素材。生活素材是从现实社会生活中体验、感悟、收集的原始生活材料，包括人物、故事、环境等。素的本义指未经加工的细密的本色丝织品，后引申指白色，又引申指颜色不艳丽、素雅，再引申为不加修饰，还引申指本性、本质，并由此引申指构成事物的基本成分、带根本性质的部分，也引申指一向、向来。素又用于饮食，和荤相对，指蔬菜、瓜果等。素材就是取"未经加工的""不加修饰的"原意。关于生活素材的积累，将在下章节讲述。

文字素材则是通过阅读收集到的写作资料。这些写作资料包括其他作家、作品中的已经被论证的观点、写作故事、作品内容等。

写作资料的收集，可以通过以下方法：一是通过网络搜索查找，现在这个办法很常用。但是，既然来自网络这个公共平台，这些资料就不够新鲜，也不具有唯一性。因此，使用网络材料要适可而止。二是阅读书籍，勤做读书笔记，勤做读书卡片。在非虚构类写作中，比如杂文、时评、随笔写作，一些自媒体、公众号的写作，都会大量使用现成的资料，这些资料是靠日常积累的。你收集得越多，你就更容易写作。这些资料本身就包含了极有价值的信息，对这些信息或整理，或归类，或引发联想，都很容易成文著章。

你若做一个有价值的写作者，那么读书才是你的捷径。歌德说："经验丰富的人读书用两只眼睛，一只眼睛看到纸面的话，一只眼睛看到纸的背面。"这句话是关于读书与写作方法论最好的概括。

第六章　生活体验：写作的泉源

写作是人对社会、生活、环境、事件等外部客观世界的主观表达方式。所谓"感时花溅泪，恨别鸟惊心"便是伟大现实主义诗人杜甫对现实社会的主观感受的诗意化表达。"时"是当下的时事，是社会变化（安史之乱）对诗人的触动，看到花都会流泪。"别"指战争不仅造成自己妻离子散，更使无数人家破人亡。"别"是父子的家乡离别，是夫妻的家庭分别，是亲友的生死告别，在这样的战争背景下，"别"便是每个生命随时都可能发生的场景，是所有人都憎恨厌恶的，因此，诗人听到鸟儿的叫声都会使自己心惊胆战。

现实主义文学视角是诗人杜甫观察社会、国家的方式，人文主义精神是他关照人生的价值观。他以这两大写作思想进入社会现实生活，这样的生活体验使他创作出了许多优秀的诗篇，无愧于中国古代诗歌"诗圣"的称号。

社会生活是"一切文学艺术的取之不尽，用之不竭的唯一的源泉"。诗人臧克家在《京华练笔三十年》中说："生活枯竭，灵感不来，虽然有诗，但好的不多。"生活体验或生活经历，以及对这种体验及经历的认知、态度、视角，决定了一个作家创作的成就。

生活体验，应该包括如果你是工人，那会怎么样；是农民，那会怎么样；是农民工，那会怎么样；是大学生，那会怎么样；是城市里的公司职员，那会怎么样；等等。若是20世纪四五十年代出生，你对过去社会和生活有什么体验、有什么感性的认知，对当下的社会生活有什么认识都是你生活体验的一部分。在不同的环境、不同的时代背景下，你的认知是不同的，体验的是完全不同的生活。在不同的生活环境里，生命价值、生命意识也是完全不同的。

生活体验往小了说，就是一些生活琐事，是一些街谈巷议，是一些陈芝麻烂谷子的故事，是一些柴米油盐酱醋茶；生活体验往大里说，就是一个时代的演变、一个国家的兴衰、一个民族的命运、一个家庭的剧变、一个人的生死存亡……当然，无论是小的生活体验还是大的生活体验，两者都是相关联的，小的生活体验为大的生活体验提供了源源不断的生活细节，就像人的血肉一样；而大的生活体验则是人的骨架和组织，两者糅合在一起才能成为一个健全的人。

第一节　生活体验的广度和深度

生活体验是写作的泉源，没有生活体验就像巧妇难为无米之炊一样。生活体验的广度和深度决定了你的叙事力和表达力。

所谓叙事力，就是有精彩的故事可讲；所谓表达力，就是有能力把这个故事写得精彩。

生活体验不是到此一游的走马观花，也不是蜻蜓点水似的浅尝辄止，而是对生活的体验广度和深度的开掘。这种开掘，是生活（外部客观世界的一切）对你的思想和精神心理造成重大的心灵触动和思想共鸣，只有这样的体验才能给你提供源源不断的创作题材和创作冲动。

所谓体验的广度，就是你的生活经历、生活感受要广阔。

按照地域来说，农村、城市的生活体验，通过反差、对比，可以看出其中种种的社会问题。

按照社会阶层来说，你了解社会最底层的下岗工人、流浪者；你了解公务人员、老师、工程师这样的专业人士；你能跟处长、厅长、省长这类官员打交道；你了解什么是真正的上流社会，什么是真正的精英人士；你能体悟到社会底层的艰难，体悟到外卖小哥与时间赛跑的辛苦。

按照年龄来说，不同年龄的阅历、经历千差万别，不同年龄的价值观、生活方式也是千差万别。每个年代的人都有各自的生存哲学，代际的矛盾与困惑。退休的老年人有安度晚年的希望；对于中年职场和官场上的人来说，要考虑的是继续拼搏，还是放松心情，过舒适的日子？而对于无数要为自己能拥有一套房子，还要为娶妻生子奋斗的年轻人来说，他们的梦想与他们年轻的身体一样强壮吗？是奋斗还是躺平成为近年来职场中经常被讨论的话题。

按照方位来说，中国东、南、西、北各地的民风民俗、气候、水土千差万别，一方水土养一方人，各地的经济发展不平衡，贫富状态差异大，那么各地人的思想、观点、生活方式都有区别。更别说国内与国外的区别了。

按照题材类型来说，有农村题材、城市题材、工业题材、官场题材、教育题材、金融题材、公安题材、医疗题材、青春题材、婚姻题材、爱情题材等。不同题材的生活体验会让你发现每个题材的独特价值，每个题材都是认识中国的镜子，当许多这样的镜子组合在一起的时候，就形成了一个大写的中国。

所谓深度体验，就是你对生活扎根到什么程度，你对上述广度的各类人物或题材的生活了解多少、掌握多少，对他们的语言风格的差异了解多少，对他们的生活习惯了解多少，对当地的风土人情、历史风俗了解多少，对当地人性了解多少，等等。这一切都需要你细致入微、身临其境地体验。

仅仅有了解还谈不上深度体验，只有对这些生活体验在社会意义和文学价值两方面进行探讨，才能算是体验的深入。

一个没有生活体验的人或生活体验很肤浅的人，是难以写作的，也是写不好作品的。有人说，生活体验就是收集故事，这话虽然有道理，但并未说到点子上。你只有深入"故事"里，成为"故事"的主角、"故事"的参与者、"故事"的观察者、"故事"的评论者，这个"故事"才算是你生活体验的故事。

陈忠实在写作《白鹿原》时说：

我生在农村，长在农村。我在解放后的1950年入学识字。我看见过邻近的东西两个村子斗地主、分田产的场面，我们村里没有一户够划地主成分的人家。我亲眼看着父亲把自家养的一头刚生过牛犊的黄牛，拉到刚刚成立的农业生产合作社的大槽上。到合作社变公社吃大锅饭的时候，我亲身经历过从公社食堂打回的饭由稠变稀，由多变少直到饿肚子的全过程。我由学校高考名落孙山回到村子，进入一个由三个小村合办的初级小学做民办教师，另一位是年近六旬的老教师。学校设在两个村子之间的平台上，两个人合用的办公室，是一幢拆除了不知哪路神灵泥像的小庙。教室旁边是生产队的打麦场。社员出工上地下工回家经过教室门口，嬉笑声议论声和骂架声常常传进教室，后来我调入公社办的农业中学，校址也在一个村庄的前头，四周是生产队的耕地，我看着男女社员秋天播种麦子夏天收割麦子、播种苞谷再到掰苞谷棒子的整个劳动过程。再后来我被借用到公社帮助工作，又调动到公社当干部，整整十年。十年里，我把公社大小三十多个村庄不知走过多少回，其中在几个村庄下乡驻队多至半年，男女老少都叫得出名字，谁家的公婆关系和睦与否都知晓。直到我最后驻到渭河边一个公社，看着农民把集体畜栏槽头的牛骡拉回家去饲养，把生产队大块耕地分割成一条一块，再插上写着男人或女人名字的木牌，便意识到我在公社十年努力巩固发展的人民公社制度彻底瓦解了。[①]

没有对农村熟悉得像熟悉自己掌纹一样，没有深入农村成为土生土长的农民，陈忠实是写不出《白鹿原》的。

写作是对社会对人生全方位的认知表达，如果你要坚持写作，那么，生活体验的广度将会支撑你的写作题材的广度，生活体验的深度将会支撑你的写作主题的高度。生活就会源源不断地给你提供创作素材、创作思想和创作灵感。

第二节　生活体验与写作的关系

有了生活体验并非就能写作。

生活体验带着温度；带着鲜活的故事；带着有血有肉的形象；带着那些你生活过的山川河流；带着那里生活的人们的口音、吃饭的动作、过节的气氛……这些只是你创作的素材。它只是构成你创作的最原始的素材，还没有上升到创作本身。

生活体验是原始素材的积累，是最初的创作准备。但这些积累和准备是极有意义的，它就像是被开掘的煤矿一样，挖掘得越深，煤的纯度越高。但它在未点燃之前，就是原始的素材，是冷冷的石头。当你对这一堆精致的煤赋予了创作激情和生命关照之后，才能燃烧，才能产生能量，才能创作出作品。

---

① 陈忠实：《寻找属于自己的句子——〈白鹿原〉创作手记》，《小说评论》2007年第7期。

也就是说，写作者需要把最原始的内容进行艺术加工、艺术提炼，再糅合思想与情感，才能创作出一部有价值的甚至是伟大的作品。

生活体验有以下三种类型。

一是直接生活。如果你到一个地方进行写作采风，那么你要与本地人吃、喝、住、行在一起，融入本地生活，与本地人一起工作，了解他们的劳动、工作的流程，甚至像本地人一样熟悉整个过程。

或者，你本身就生活在其中，是其中的一分子，那是你土生土长的故乡。你就在那里工作，是某公司的员工，是单位的干部，是某学校的老师，是某工厂的工人，是某村的村民，是某学校的学生……那么，这种直接生活体验是非常深刻的。因为它已成为你生活的一部分，跟你发生了十分紧密的利益关系。

《黄金时代》写的是王小波在云南下放时的知青生活，他对那段生活十分熟悉。但他所选取的是片段，是被抽象化的故事。

直接生活素材，很容易写成自传体作品。在一些虚构类写作中，比如小说，表面上看是非虚构作品，但是作品内容直接与作者的生活经历有关，比如巴金的《家春秋三部曲》，就是自传性写作。很多作家处女作，都有自传性特色。

二是间接生活。不是所有写作的素材都必须是自己亲身经历的，也可以通过间接的方式获得。你看到的，但不一定是你经历的；或者是你听说的，当然被证实是真实的；或者是从档案馆、史志办、报刊等渠道获得的生活素材。这些间接方式获得的生活体验，并不一定是你亲身经历，只是"道听途说"，也都能作为你的创作素材，都能激发你的创作激情。

三是纯粹虚构的生活。所谓纯粹虚构的生活，是根据生活逻辑的原则方法，作者创造出来的生活，在一些虚构类文学艺术创作中，并不是所有的生活素材都来源于直接生活和间接生活。有许多故事、情节、人物都是按照生活逻辑、人物命运、情节发展、性格推演、环境因素而创作出来的。这种虚构的生活必须符合生活的"真实"，即逻辑的"真实"，而非真实发生的"真实"。大量的文学作品就是这样诞生的。因此，我们常常看到一些文学作品通过纯虚构、纯属想象创作出了情节奇异甚至怪诞的形象和故事，这些稀奇古怪的生活想象设计和安排，只要符合生活逻辑、符合生活真实都是艺术的。近年来流行于网络的仙侠、玄幻、架空、穿越、盗墓等题材的小说，虚构的大陆、虚构的背景、虚构的神魔鬼怪，上演的却是真实的人性。

不管是直接生活还是间接生活所获得的创作素材，都不可能原封不动地进入创作素材库。当这三种生活素材都被你拥有，再把思想灌注进去，把情感融入进去，用语言文字表现出来，经过布局谋篇，经过人物性格设计，经过主题思想的提炼，这些生活体验就转化为文学作品了。

鲁迅小说创作时的生活素材多是杂取百家。鲁迅在《我怎么做起小说来》中说：

> 所写的事迹，大抵有一点见过或听过的缘由，但决不全用这事实，只是采取一端，加以改造，到足以几乎完全发表我的意思为止。人物的模特儿也一样，没有专用过一个人，往往嘴在浙江，脸在北京，衣服在山西，是一个拼凑起来的角色。有人说，我的那一篇是骂谁，某一篇又是骂谁，那是完全胡说的。[①]

但他的小说创作是对时代和国民性的高度概括，然后进行典型化的塑造。因而有的读者会觉得"我的那一篇是骂谁，某一篇又是骂谁"，但对于鲁迅的创作而言，"那是完全胡说的"，是纯属虚构的，"请勿对号入座"。正是因为他的作品对生活素材高度提炼，并融合了时代、社会、人

---

① 鲁迅：《鲁迅全集》第 4 卷，人民文学出版社 2019 年版，第 527 页。

的国民性的精准的典型描写，才使读者"不由自主"地对号入座了。

在如今这个几乎全民写作的时代，很多作者并不是从事虚构类的文学创作，而是非虚构性的写作，比如散文、时评等。这些写作素材多是作者直接、间接的生活体验。但这毕竟是有限的，更多的素材是来自媒体、互联网平台的被他人生活体验"证实"的材料，这些都是可以拿来即用的。

在另一些非虚构类写作中，如新闻报道、随笔、游记中，却以直接经验、实地采访为主，并加入间接生活及资料的积累，创作出虚虚实实的作品。余秋雨的《文化苦旅》也属于直接生活与间接生活相结合的一种写作。

无论是何种写作，只要你有广泛而又深入的生活体验，那么你的作品就会更加生动有说服力，而不是从观点到观点从知识到知识，仅仅运用抽象思维，那样的文章缺乏感染力和美学效应。

第三节　观察力和思考力、表达力的培养

写作是一个系统的、复杂的心智、情智工程。玩的是文字游戏。但是，任何游戏都有一套玩的规则。所谓心智，就是发乎真心，是自己的意愿和意志力的投入；所谓情智，就是发乎真情，是自己的情感、情绪的表达与宣泄。

在这一过程中，生活体验是写作最基础、最核心的素材来源。若不愿意投入生活体验之中，不是真心实意地与生活交朋友，我们就无法获得真实的生活素材。如果在生活体验中，浅尝辄止、走马观花，没有真性情的投入，我们的写作就很难感动读者。如果连自己都没有被感动，何谈打动

读者呢？

当我们进行真实而又复杂的生活体验时，需要培养的第一个能力，就是观察力。

所谓观察力，是人类一种特殊的感知外部事物的能力，通常是通过眼、耳、鼻、舌、皮肤等身体的每个部位的感觉器官以及心智、情智等感知力，准确、全面、深入地感知客观事物的能力。人类对事物的认识程度和水平，与这种能力的强弱有很大的关系。

那么为什么有的人观察力强，有的人观察力弱呢？这涉及人对事物的敏感性。我们经常在公园等场所看到许多花，有的人看到花，他会蹲下来仔细观看，花的颜色、形状、大小、气味、种类等，一一识别，不懂的会问其他人。这样就能比较全面地掌握这朵花的相关知识。但有的人看到了，也不想了解，更不会询问，所谓走马观花大致如此吧。这就是对事物的敏感性。

进一步深究观察力，它包括敏感性和好奇心。常言说，好奇害死猫。猫这个动物对很多稀奇古怪的场景特别敏感，也特别好奇，所以，在许多灵异故事里都有它在场。好奇心促使人们探究未知世界，推动人类文明发展。

在生活体验过程中，要提高观察力，就要使自己永远保持一颗敏感而又好奇的心。到世界各地旅游，看到外国尖尖屋顶（有视觉敏感性），你会不会询问或打探一下呢（好奇心驱使）？你会不会搜索一下外国的屋顶为什么要建成尖尖的呢？

在体验生活过程中，要充分调动我们每个感知器官以及心智和情智，生活体验广度和深度才能实现。

对生活的观察要细致。请看《白鹿原》中一段关于马号的描写：

嘉轩收拾了烟壶，捏灭了火纸到马号去了。鹿三正在马号里给牲畜喂食夜草。马号宽敞而又清整，槽分为两段，一边拴着红马和红马生下的青骡，一边拴着黄牛和黄牛生下的紫红色犍牛。槽头下用方砖菰成一个搅拌草料的小窖，鹿三往草窖里倒进铡碎的谷草和青草，撒下碾磨成细糁子的豌豆面儿，泼上井水，用一只木锨翻捣搅拌均匀，把黏着豌豆糁子的湿漉漉的草料添到槽里去。黄牛和犍牛舔食草料时，挂在脖子上的铜铃丁当当响着。鹿三背对门口做着这一切，放下木锨，回过头来，看见嘉轩站在身后注视着他的劳作。①

这是陈忠实所熟悉的西北农村百年前富裕农民家里的劳作场景，长工鹿三在马号里给牲畜喂夜草。在陈忠实笔下，这个场景被描绘得如一帧帧电影画面，每句话都是一个镜头，画面感、现场感都非常真实。只有对这里的农村生活体验非常深入，或者曾经在这里生活过，而且具有强大观察力的人才能写出来。

所谓观察力的培养，应该是对生活细致入微的敏感性、好奇心的培养。有的人尽管也在体验生活，但是如果对生活具体的人物、场景、动作、表情、穿着、劳作过程、说话的言语特色等不敏感，对生活麻木不仁，仍然捕捉不到那些生活素材。

生活体验的观察力培养除了敏感性和好奇心，还有感动力的培养。所谓感动力，就是对外部事物易被感染、易被感动的能力。每个人都是有感情的，尽管我们每个人面对同一件事情表现出来的感情表达方式不同。但是，那些有感染力的事物一定会触碰到我们的灵魂、感情，会让我们不知不觉地被感染、被感动。当看到英雄舍身救人的镜头，我们一定会被英雄的举动感动；当我们与亲人久别重逢，也一定会倍加激动。这些人之常情是培养观察力的一种重要力量。我们只有"投入地爱一次"，才知道爱的

---

① 陈忠实：《白鹿原》，人民文学出版社 1993 年版，第 78 页。

滋味。

越是感情丰富的人，感动力就越强；情感迟钝甚至麻木的人，他的感动力就越弱，就像鲁迅笔下的人物一样。

有了强烈的观察力支撑，生活中的各类事情、人物、场景都可能引起你进一步思考。所谓思考力，是指透过现象（生活体验）看到事物本质的能力，是人类思维过程中产生的一种积极的有创造性的能力。这时，我们就需要运用上文讲的逻辑思维等能力了。

写作过程中，从生活体验到写作，其中思考力起到重要作用。一是对事物进一步追问。有人说提问是记者的天职，追问才能追查出真相。这种能力对任何一个写作者都是宝贵的。二是对事物进一步概括。把生动而又复杂的生活体验进行分析、归类、推理、提炼的过程，就是思考力发挥作用的过程。

比如你看到尖尖的屋顶，经过询问或网上查阅，发现这个尖尖屋顶，叫作哥特式建筑。建筑史上位于罗马式建筑和文艺复兴建筑之间，是在1140年左右产生于法国的欧洲建筑风格。它由罗马式建筑发展而来，为文艺复兴建筑所继承。

哥特式建筑主要用于教堂。那么，这时我们就要问了，为什么用于教堂？这种建筑与宗教有什么关系？是哪类宗教？我们查阅资料就可以了解到：除了结构上的作用，尖拱还具有重要的象征意义，它向上的尖端切合了教堂建筑上升的意境，引导人们的目光以及心灵，升华人们的思想直到高高在上的天国。它属于基督教。

接着，我们还可以继续追问，这种风格的建筑，在美学上有什么意义？哥特式建筑的整体风格为高耸且带尖，以卓越的建筑技艺表现了神秘、哀婉、崇高的强烈情感。当我们再进一步查找哥特式建筑史，会发现很多故事，跟欧洲文明发展是息息相关的。

当然，这个例子，是过去历史留存的东西。如果在现实火热的、复杂的生活中，体验到更加惊心动魄的人与事时，观察到许多社会问题和社会现象，我们要不要、有没有能力进一步思考呢？

比如，现在全网讨论年轻人"躺平"这种社会现象。很多人都从各种角度来评说。我看了许多这类稿件（得益于机器算法），发现没有一个人论述，到底是哪种人在"躺平"？"躺平"不是一种积极的生活态度，而是消极的。试想，现在年轻一代，有哪些人有能力、有资格不用管自己的一日三餐，不用管住房，不用管贷款，不用管娶妻生子的费用？我们只要把这些问题查清楚了，这个答案就明确了。哪个时代都有"躺平"的人，不只是现在才出现。

思考力的培养，来源于你对这个生活体验的素材提炼，来源于你对阅读所获得知识和思想的积累。

鲁迅为什么会弃医从文？就是因为他的观察力和思考力共同作用下，中国现实社会的现状对他的价值观、世界观、人生观产生极大的冲击，使他改变了人生规划。在日本仙台，鲁迅看到日俄在中国东北的战争中，杀了据说是中国间谍的人，很多当地老百姓在围观，他们麻木不仁的样子，突然使鲁迅觉得自己学医医治这些人的身躯是完全没有作用的。要改造中国国民性，就得改造中国人的劣根性，改造中国人的思想，重塑中国人的灵魂。

有了这样的观察和思考，才有了中国现代文学巨匠的诞生。可以这样说，鲁迅的观察力是非常强大的，能一眼看透当时民族劣根性的根源，眼光毒辣精准。但他又是一位战士，直面现实的战士。因此，当这样的现实困境摆在眼前，他做出了人生重大抉择：弃医从文。

不是生活中所有的体验都会进入我们的写作素材库，无论是直接得到的还是间接得到的，只有那些触动思想和灵魂，使我们产生创作冲动的素材，才对写作有价值。

这里有两种情况：第一种情况，写作者带着一种创作目的进入生活体验，比如旅游，想写一些游记，这就是带着写作目的的生活体验；第二种情况，开始并没有明确的写作目的，但是灵感在生活体验过程中发现了或发生了，深入观察体会，触动了新的感受和思考。

当然还有一种可能，我们先产生了某个创作构想，围绕这个构想，我们的思维就会走进生活素材库，到记忆中去寻找曾经的生活素材。很多人有丰富的生活阅历，感受也很多，就是写不出来，这就与思考力和表达力有关了。

写作过程就是表达力实现的过程。所谓表达力，又称表现能力和显示能力，它是指人类把自己的思想、情感、想法和意图、愿望用语言、文字、图形、颜色、形状、光线、表情、声音、动作清晰准确地表达出来的能力和过程。这里既有科学的表达力也有文学艺术的表达力。

比如绘画，就是用颜色、形状、线条等形式实现画家对事物和人的艺术性表达。

比如摄影，就是用明暗、形状、线条、光影等形式实现摄影家对事物和人的艺术性表达。

那么，写作以文字的工具，通过文字组织、语义描述、形象刻画、故事叙述、篇章结构、情节安排等形式，实现作家对事物和人的艺术性表达。这个复杂的文字组织过程，也就是"文字游戏"的最后操作的过程。

对于写作而言，表达力是一个很综合的能力，遣词造句只是一个最基本的能力。布局谋篇、叙事能力、人物典型化能力、论述推理能力等都属于表达力。

思考力一定是建立在广泛的阅读和价值观的基础上。价值观前面已讲过，就是社会主义核心价值观，当然不是只靠这些词语来表达，它们是被高度概括出来的。

当你阅读中外优秀的著作，比如哲学、文学、科技类的书籍，就会慢慢形成自己的一些理论知识和价值观。当理论与生活体验相结合时，你就拥有了思考的能力，就会从这个具体的生活感受、体验中提炼出那些触碰了价值观和灵魂的东西，并提炼出写作的主题。

比如关于教育，大家都有一个共识，就是教育公平问题。那么教育公平体现在哪些方面呢？教育资源的公平、考试的公平等。有这样的一个基本价值立场之后，针对社会生活中出现的教育问题，你就会有所触动，从而进入写作的思维模式。

表达力就是使这个人物形象越来越丰满，故事越来越生动，情节越来越曲折，细节越来越真实。生活体验是在吃、喝、玩、乐、行、事等过程中进行的，但并非只在这些生活氛围中，而是透过丰富的生活的迷雾，看到生活的本质，发现生活的问题。相对于整个社会、整个时代，你体验的生活总是局部的。但是，你要能通过这些局部和细节看到社会问题，社会发展的趋势，提炼出一个个新的命题来概括这些问题和趋势。

观察力是思考力的前提，为思考力提供了丰富的素材和生活感受。思考力同时反作用于观察力，有明确写作目的的思考，可以更有指向性地指导你去深入细致地观察生活。表达力就是要把这种观察和思考所得进行建构、提炼并组织起来的能力。鲁迅特别擅长寥寥几笔勾勒出一个人物形象，通常着力刻画的是人物的精神。

在另外一篇小说《风波》的结尾，鲁迅写道：

现在的七斤，是七斤嫂和村人给他相当的尊敬、相当的待遇了。到夏天，他们仍旧在自家门口的土场上吃饭。大家见了，都笑嘻嘻的招呼。九斤老太早已做过八十大寿，仍然不平而且康健。六斤的双丫角，已经变成一支大辫子了；伊虽然新近裹脚，却还能帮七斤嫂做事，捧着十八个铜钉的饭碗，在土场上一瘸一拐地往来。[①]

这段描写中没有任何评价性的文字。充满象征性的暗示，却处处彰显着作者的批判立场。一场风波，如同石头丢进池塘，荡起几圈涟漪，水面悄无声息复归平静。生活并没有什么改变，生活中的这些人们也没有什么改变，他们还在延续着祖祖辈辈的生活方式、行为方式、思维方式。封建传统如九斤老太一般顽强且康健。刚刚过去没有几年的辛亥革命，并没有给中国社会带来真正的觉醒与变革，那根"辫子"依旧长在很多国人的精神世界里。鲁迅借助小说中的艺术形象，进行了社会反思。

借助鲁迅的短篇小说我们可以更好地领悟观察力、思考力与表达力在我们写作中相辅相成的关系。

第四节　找到观察生活的最佳视角

"横看成岭侧成峰，远近高低各不同。"观察视角不同，庐山在诗人苏轼的眼里便呈现出不同的形象。每个事物就像一只足球，可以从不同角度去观察和思考。足球由黑白相间的足球皮块连接在一起（传统足球由32块皮组成，2006年德国世界杯改为14块），你看到的可能只是这些皮块当中的一部分。我们去观察生活也是一样，站在不同的位置，我们看到了不同的风景。当表达生活体验的时候，我们就需要去选择适宜的观察视角。这也就是写作的视角选择。

一件事情、一个问题，往往有很多不同的视角来解释、解析。不同

---

① 鲁迅：《呐喊》，人民文学出版社1998年版，第56页。

阶层的人、不同地位的人、不同学历的人、不同岗位的人、不同年龄的人、不同地域的人，可能都会有各自不同的视角。

一、什么叫写作视角

所谓写作视角，就是写作者在确定了选题之后，对这个选题从哪个角度进行构思和立意。视角也是文章的切入口，是指这个选题我们要从哪个方面着手思考。视角的选择有时也会涉及文章的主题。因为不同视角、不同切入口，得出的立意和主题是不同的。视角也意味着论点和观点的确立。

视角与主题和立意有关。但视角不是主题和立意，是文章写作的切入口。主题和立意则是写作者要表达的思想，是有倾向性有立场的观点。当然，视角的选择也会影响或决定高度，以及主题和立意是否正确。可以这样说，什么样的视角就会有什么样的主题。当写作者需要确定主题和立意时，会自然而然地从选题的某个视角切入并构思。

前两年网上流传"躺平即是正义"，一时在网上激起了广泛议论。一个叫@"好心的旅行家"的网友发帖声称：躺平是智者的运动，只有躺平，人才是万物的尺度。

这篇帖子，一经发出，立刻引爆网络，成为全网议论的焦点。很多人都参与到这个话题的讨论。每个人都从自己的视角来切入。

批评"大叔"的角度：批判年轻人躺平？"大叔"还是操心自己吧。

对议论"躺平"的态度："躺平"这种声音，社会也应该听听。

"躺平"的合理性：谁之正义？何种合理性？

指责"躺平"的年轻人：年轻人，你为什么要"躺平"？

……

这类文章非常多，角度各不相同。我观察和分析这个现象的视角是：

到底哪些人选择"躺平"？

我为什么会从这个视角去观察社会表达认知呢？我会从自己的工作环境和家庭生活角度入手，分析到底是哪些年轻人选择"躺平"，而且声称"躺平即正义"。在我的生活圈子中，那些工作的年轻人，积极投入工作中，他们要还房贷，要为生孩子做准备，还要赡养老人。当然，他们还会去看电影、去旅游、去学习，他们没有时间躺平，也不会选择躺平，因为他们的生活有激情，也有压力。

那些中年人会选择躺平吗？确实会有一些，因为他们经过奋斗，获得财富自由，功成名就了，他们就有资格躺平。这只是少数成功人士。更多的则是上有老下有小，工作压力生活压力都很大，他们没有资格也不会选择躺平。

那么，是老年人吗？他们退休了呀，他们在哪里躺平，想怎么躺平，都是他们的选择，我认为这不会引起大家的议论。

现在我要问，到底是谁选择躺平？我看只有两种人：一种是家庭物质条件优渥，父母为他们积累下了很多家产，又是独生子女，父母所有的一切天然地降落在他的头上。父母即使不想让他躺平，他也会选择躺平。另一种是家境普通的年轻人，在紧张工作之余，或被生活压力挤压，就像周末会选择躺在床上自然醒。但这只是他们暂时的休息，不是"躺平即正义"。

从这个视角，要分析谁在选择"躺平"，而不是从"躺平"的社会成因，或躺平到底是不是正义。因为只有弄明白谁会选择躺平，才能弄清楚事情背后的真正原因。找到这个背后的真正原因，像医生找到病症一样，就可以对症下药了。

所以，表达视角的选择，在于对选题或题材的分析是不是到位。

二、适宜的写作视角的特征

1. 新：写作角度要新，越早参与这个话题讨论，视角就会越新，以早立新。当然，即使是别人讨论了，你仍然可以换一个角度分析，这也是新的，不要重复别人的视角，那是写不出新的主题的。

2. 奇：奇就是奇特，就是与众不同的视角。出其不意、出奇制胜，让人意想不到的角度。

3. 准：视角要选择准，就不容易偏离讨论的核心问题，准就是事物或问题的要害，是病症所在。比如身体发热这一病症，引起发烧的原因很多，比如热伤风感冒、冷伤风感冒、普通肺炎，每种发烧病因不同，医生开的药方是不同的。因此写作的视角要准才能解决根本问题，才能谈到点子上。

三、视角选择的思维方式

前面文章讨论过思维方式，这有助于我们分析选题。发散性思维，可以帮助我们打开选题的方方面面，从各种角度思考，总能选择一个别人没有谈论的角度。逆向思维可以帮助我们从常态的视角反其道而行，往往会别开生面，给人新奇的思考。我们在观察视角选择的时候要学会把握几个点。

1. 痛点：关于写作，很多人都在讨论，要找到读者的痛点，这是从读者的角度来思考选题的切入口，从读者的痛点下手，会极大地提高读者阅读兴趣。所谓读者痛点，就是让读者难以忍受的"疼痛感"，甚至是"恐惧感"。也就是亟待解决的或者特别担忧的问题。这个角度因为跟读者关系特别紧密，如生死相依一般，这就不可能不让读者关心了，使读者必须打开文章阅读。

2.难点：事物或问题或矛盾，都有难点。所谓难点，就是解决问题难，化解矛盾难，难点就是最困难、最难以解决的核心所在。社会难点问题会长期存在，也是人们普遍关心的。比如就业、房价、上学、中考、高考、低收入、社会保障、医患矛盾……我们在分析选题时，要善于找到难点，把难点克服了，文章的写作就会成功。

3.需求点：这也是从读者的角度而言的，我们对选题或话题进行分析时，除了要找到读者的痛点（有的选题对读者而言，并不一定就是痛点），还要善于找到读者的需求点，抵达读者（用户）的关切点。需求点也就是读者关切点，把需求点找到，就能给读者送达合口味的精神食粮。

互联网背景下的写作，面临着非常激烈的信息竞争。这不仅是信息数量的竞争，也是信息质量的竞争。高质量的文章才能获得更大的流量，获得更多粉丝的关注。这时，题材或话题的视角选择就尤其重要了。常言道，打蛇打七寸，写文章也一样，找到最佳观察生活的视角，写出新奇的文章，得出与众不同的观点，你的写作就成功了。

第七章　标题：取标题要"一见钟情"

读屏时代与纸媒时代最大的区别就在标题与正文展示的巨大差异。

纸媒时代，报纸的标题和正文都是同时展示在你眼前的。你看到标题，同时也会看到副标题，看到图片，看到小标题和正文。读屏时代的稿件打开方式与纸媒的完全不同。在小小的屏幕上，我们手指上下滑动，展示的信息都是标题，有的还带有图片。也有无标题只有内文开头的形式，比如美篇说说、百度动态、百度社区、头条等，但还是以标题的展现形式为主。信息随时会被刷新，在手指上下滑动过程中变换，你若想让读者在你的文章标题上多停留1秒，期待他迫不及待地打开阅读正文，那么标题的制作就非常关键了！

标题就像商店的招牌显示着店铺经营的内容。但是它的设计很重要，它决定了路过的人是否第一时间走进去。看标题有时候就像相亲。第一眼可能比较重要，第一眼能吸引你，相亲对象的外貌，甚至一句话、一个动作、一个发型，以及大大的眼睛、说话的声音、走路的姿态……都有可能打动你，这个打动你的过程就是被标题吸引的过程。这个继续交流下去的意思就是点击文章标题进入正文阅读了。如果正文写得好，就可以进一步发展。

在写作如此普及的时代，因为写作文体、体裁、题材不同，发表的平台不同，所取标题的要求也不同。这里主要以两大写作文体或体裁来讲述取标题的原则和方法。

第一节　标题的演化：标题的打开率，决定了文章的点击率

读屏时代，就是标题竞争的时代。在无休止的刷屏过程中，暴露出来的海量信息基本上是以标题的形式呈现在你的眼前。谁的标题取得好，读者眼睛就会在谁的标题上多停留一会儿，甚至会打开它，进入正文阅读。为了留住读者的目光，现在的标题取得越来越长了。这符合互联网平台展示规律。

一、互联网的文章标题不是越来越短，而是越来越长

短标题产生在一定的时代背景之下。信息传播受材料或工具影响，材料或工具决定了信息传播的速度、数量、范围和质量，也决定了信息文本的样式。

从近现代传媒发展历程来看，先是电报，一字千金、惜字如金，20世纪80年代初还要依靠打电报传递信息，如电文：母病危，速归。报纸版面限制，只能使用短标题。20多年前，报纸作为更广泛、更高质量的信息传播工具或材料，其文本样式，包括标题制作深受纸质材料的影响。不管对开大报还是四开小报，其标题受报纸开版大小和字的多少、大小限制，不可能用几十个字做标题。消息写作的倒金字塔形式、导语写作要求，都深受电报电文的影响。今天信息传播终端发生革命性变化（工具或材料的变化）：由读报时代向读屏时代转变。

报纸要求标题正确、准确、核心事实表达，这是最基本要求，但这个基本要求的前提是字少而精。令人奇怪的视觉感觉是，在如此大面积的报

纸版面上字越少，越能吸引人；字越多，越不能让人辨识，或者说画蛇添足，反而影响信息传播效果。为什么产生这样的阅读错觉？因为报纸的每篇稿子的内容都在标题下面展示了！而且还有大图片、副标题、小标题对主标题进行补充说明。读者看标题的同时也扫视了其他文字，甚至包括文章内容，决定是不是看文章。

报纸的阅读方式是标题、图片、正文都在同一个平面上展开，视觉阅读对信息锁定，不被限制，打开报纸，就能把全文阅读。从标题到图片到正文，眼球的移动很快，而且此时不需要动手翻页。互联网新技术抛弃了报纸，人们已全天候地依赖手机终端阅读了。这样的阅读改变了阅读方式、阅读体验和心理需求。

读屏时代的阅读特点是标题成为引导用户注意力的第一入口，标题层面的竞争，已成为内容竞争的首要战场。信息量和情感度是制作标题的原则。

读屏时代，新媒体屏幕不受字数限制，标题可以多达几十个字。

读屏时代，要做实标题。文章隐藏了，需要更多的文字和图片对信息进行包装或设计，以吸引读者眼球。如果标题太虚，信息量、情感度不能强烈地刺激读者的眼球，不能最大限度地抵达读者的阅读心理，不能最大限度地满足读者的精神需求、实用需求，读者就飞快地抛弃这条文章。因此，如何让读者的眼睛和手都在这条标题上停下来，就非常关键。

读屏时代是快速浏览时代，新媒体的材料和工具的变革，导致海量信息如井喷，这是读报时代不可想象的。海量信息，让阅读变得急促、匆忙起来，那种一杯茶水、一份报纸的时代彻底告别了。提供信息庞杂，不知哪个信息点能刺痛你！于是，需要在标题上下足功夫，在最短的时间里抓住眼球。

读屏时代的手和眼几乎同时在动。手指在屏幕上的划动，有惯性的力量，稍不注意，几个屏幕就滑过去了。要想眼睛指挥手停在某个标题上，就必须让心指挥眼睛，这个心便是标题的信息量和情感度能满足或刺痛读者的心。

读屏时代，阅读过程也发生改变，由内容事实或曲折生动的情节竞争转变为标题的竞争。只有标题吸引了你，你才会点击进入正文阅读。也就是说，标题所包括的信息量、观点，决定了内容是不是被消费，这与文章的好坏无关，只与标题好坏有关。

读屏时代，算法改变了读者获取信息方式。从搜索引擎到用户画像，从用户找内容到内容被推送到用户眼前，用户消费变得被动了，算法根据用户的画像推荐的内容存在两方面的问题：一是内容同质化、同类化，反复推送；二是更多的个性化内容被遮蔽，信息被算法垄断，而失去了个性更广泛的需求。

读屏时代，是标题竞争的时代。提供的信息庞杂，不知哪个信息点能刺痛读者的神经，这就更需要标题的竞争了。

因此，在读屏时代，短标题已死！只有长标题才能包含更多的信息。

二、读屏时代的标题阅读特色

读屏时代的标题只能在读者眼前停留一秒钟。为什么是一秒钟的标题？有位自媒体大咖曾经忠告，不能在一秒钟看明白的标题，不适合传播，不是读者理解不了，而是他只能给咱们一秒钟。

以前读报的时代，眼光在报纸版面流动，搜索自己感兴趣的大标题、小标题、图片和文字。此时手是不动的，有时冬天手冷，都不愿意翻报纸。因此，眼光在报纸版面停留很长时间。

但是读屏时代不同了，一个小小的屏幕，展示出来的都是标题和图片。一个屏幕上，能展示3~5条标题和图片，因为读者很清楚，这5条标题下方，只要手轻轻一划，便能找到无数标题，它们都在等待自己的手指去触动。因此，这3~5条标题只有1秒时间停留在眼前。古人说一目十行，现在是按秒计算，因此，标题制作要能刺激，刺激，再刺激！

标题是不是越长越好？考察或制作标题的原则是标题能不能满足读者的信息量和情感度的刺激，跟长短无关。但是，太短的标题很难包含能刺痛读者的信息量和情感度。

标题的信息量和情感度指什么？

信息量是指从文章内容中提炼出来的最核心的信息数量，这些信息数量是分等级秩序的，分优先和次要的等级，这些信息，依次排队，按读者消费需求的重要性排队。我们制作标题，首先要能给信息排队。

情感度是指文章的信息与读者的心理需求的相关性，相关性越近，情感度越高；相关性越远，情感度越低。

三、读者的阅读需求

被广泛认可的马斯洛关于人的五种需求，可以作为制作标题的依据。这五种需求是：生理需求（呼吸、水、食物、睡眠、生理平衡、分泌、性）、安全的需求（人身安全、健康保障、资源所有性、同产所有性、首先保障、工作职位保障）、情感和归属的需求（友情、爱情、性亲密）、尊重的需求（自我尊重、信心、成就、对他们尊重、被他人尊重）、自我实现的需求（道德、创造力、自觉性、问题解决能力公正度、接受现实能力）。当我们在制作标题时，按照这五种需求，从内文中挑选出关键词，并配以句子表达就可以了。

这五种需求，从相关性与重要性角度来分析。

一是物质层面的相关性。人的物质层面相关性包括食、衣、住、行、空气、水、健康、安全（个人安全、地区安全、国家安全、人身安全、财富安全、食品安全、交通安全等）、工作、性、财产、金钱、政策、法律等。

二是精神层面的相关性和重要性。爱情、友情、亲情、教育、知识、公平、正义、自由、民主、法制、道德、国家、民族等。信息的相关性跟读者越接近，其重要性就越大，反之亦然。

此外，我们制作标题，还要从读者的阅读心理角度来琢磨。

一是看客（围观）心理。在没有涉及自身利益的时候，人们对他者的信息（事件）始终有兴趣去关注、去议论。围观便是这样的心理，中国人有90%的人有看客心理。

二是从众心理。随大流，赶时髦。

三是好奇心理。好奇心是人类进步的动力，但大众传媒的好奇心理，是指奇闻逸事，少见多怪。

四是娱乐心理。这是一种放松心理，寻找轻松信息，让紧张的精神状态调整的方式。

五是名人、明星效应。无情消费他者信息，以满足自我幻想，甚至模仿。

所以，制作标题的核心是寻找读者的痛点和痒点，把这两个"点"找到，你的标题就是好标题。

第二节　虚构类写作的标题：在虚虚实实之间寻求意味

非虚构类写作的标题多为实标题，虚构类写作的标题多数是虚标题。

所谓虚标题，就是标题中，读者看不出事实和观点，多用于文学艺术创作。这类标题与实标题相比，多显得空洞而虚幻。所谓空洞，它没有具体所指，标题的词语指向性不明，不确定；所谓虚幻，则是标题营造出一种含义不明但意义丰厚、多义，意境深远而又朦胧之美。

比如小说《白鹿原》，如果你不读小说，你是不知道白鹿原是地名还是动物名，或是莫名其妙的一个名词（因为它是虚构的，所以觉得新奇而莫名其妙）。但是，你读过这本小说之后，你发现，这个标题是多么复杂多么深刻，又多么唯美，还真有让你说不清、道不明的感觉。不像非虚构类写作的标题，一眼就能望穿内容。

文学题材的虚构类标题，一般都具有直接或者间接的象征性隐喻性，多数是名词，或是偏正结构的名词词组。比如《围城》《白鹿原》《废都》《静静的顿河》《阿Q正传》《百年孤独》《丰乳肥臀》《三体》等。

这些都是实在的名词或名词词组，这些名词都有丰厚的文化意象。当然，这文化意象也是作家的创造，是整部作品精心设计出来的。虚构类作品的标题还经常富有诗意，散文或者以情感为主题的小说文本经常使用这样的标题。比如《当悲伤逆流成河》《何以笙箫默》。

虚构类写作的标题，有时候既是虚的又是实的，比如《白鹿原》。所谓虚的，就是指"白鹿原"是作者虚构的来自他大脑创造的文化地名；所谓实的，它又是以一个地名概括的，陕西关中地区的山山水水，那里生活的西部中国人，承载的厚重的中国农耕文化。虚的标题，它虽然在语义上指向不明、不确定，但是它的含义更丰富、更令人遐想。

比如《红楼梦》或《石头记》，表面看来，是有个实指的物，红楼和石头，但是这个红楼和石头又不是具体所指，你不知道红楼在哪里，你也不知道这是一块什么石头。再加上后面的"梦""记"，两个动词，你仍然不知所云。

但是，当你看完这本旷世奇书的时候，你会从无数个角度或层面对它进行解读。300年来，《红楼梦》一直争论不休，还没有解读清楚，也许永远也解读不彻底，这就是文学的美学魅力。

即使是余秀华的诗歌《穿过大半个中国去睡你》，表面上好像是一首叙事性的爱情诗，"穿过"是动词，"睡"也是动词，"大半个中国"是名词，词语的指向都非常明确，但它的含义复杂丰厚，这又让你产生词语含义不明的审美感觉。

因此，虚构类写作的标题，多是词语表意清晰、明确，但又有含义模糊多义之美。在虚虚实实的词语碰撞中，产生意义强大而丰厚的审美感受。而实标题则是给人以醒目、震惊的阅读心理，难以达到审美的高度。

虚构类标题具有意象美、简洁美、韵律美、多义性、歧义性、象征性、隐喻性的特征。

意象美。意象是中国特有的文学艺术概念，意象美是每个作家艺术家毕生追求的美学价值。在标题制作中，虚构类写作总是要寻找一个既能表达作品核心主旨的词语，又想营造一个审美丰厚的词语，这个词语所包含的美学价值，就是意象美。

《泊定在土地上的船》，这个题目就极具意象美。船自然应该停泊在江海，为什么会泊定在土地上？这个题目会让你在头脑中生成一幅画面，又会激发你的好奇心，阅读下去。原来它写了一个被称为白下里叶的村庄，在浙江建德，有800多户人家。"白下，是又名玉华山的白岩山。里叶，是玉华叶氏；里，便是这个宗族的称呼。"这是个停留在青山绿水之间，保留着古老传统的村庄。

这个题目的意象美，在文章对"船"的阐释中更真切地呈现出来。

建村之始，堪舆家说，白下里叶像一条海船——它在玉华山、道峰山等峰岭汇起的浪涛簇拥下，撑起由白墙灰瓦织起的风帆，浮向东南。但飘游的浪漫决不是村人的理想，他们建造了五条小桥，用来象征缆绳，永远缚住具有动势的小船。

船是象征。桥是象征。而它们却铸就了一个真实：日久天长，具有动势的小舟，在绳索的力量之下，终于永远地胶着于原地。时间之流没有能够淹没它，却濯洗掉它的征尘。白下里叶，顽强地呈露着一个古老的生命。①

简洁美。对于一篇虚构类的文章或作品而言，标题不像非虚构类的文章那样恨不得把所有有价值的信息都堆在标题里，生怕漏掉了一个有用的关键的信息。文学艺术作品并不是靠标题的复杂来取胜的，而是靠作品的内容即故事、人物、语言等吸引或征服读者的。因此，往往把标题取得很简单，越是简单，往往越蕴含着深刻的思想和哲理，这样简单的词语就具有简洁之美，比如《围城》。

韵律美。中国语言本身就很有韵律美，不一定要多个句子排列在一起才产生节奏和韵律，单一的句子也可以。比如《诗经》中"蒹葭苍苍，白露为霜"，如果变成"芦苇苍苍，白露为霜"就失去韵律感了。这是因为蒹葭是一个双声词。双声叠韵也包括叠字，都能产生韵律美感。中国古代诗词是有韵律的，很多小说散文电视剧的标题，使用的就是五言或者七言诗歌的节拍。

多义性与歧义性。虚构类作品标题因为作品内容的丰富、多义、不可言说或解读，因而具有多义性。标题的多义性产生，并不是这个词语本身有多重含义，而是由内容引申而来的。

歧义性与多义性常常相关，虚构类作品标题往往令读者产生歧义，即读者在阅读同一篇作品时，因每个读者的审美能力、生活阅历等不同，而

---

① 扬之水：《脂麻通鉴》，辽宁教育出版社1995年版，第194—195页。

产生不同的甚至相反的理解或解读。当然标题这种歧义性也是作品本身带来的。

象征性。一切文学艺术的最高美学境界是象征和隐喻。玩文字如果玩到表面说某个事或物，却指向更深层、更辽阔的象征，这就是比较高级的玩法了。鲁迅的《秋夜》，便是一例。秋夜这一个象征词语，若放在平常的一个秋天的夜晚，也许就是平常日子的一段时光，跟每个晚上都差不多。如果这样玩文字就没有意思了。"秋夜"是鲁迅塑造的一个象征物，象征了当时特殊的中国社会。全文通过其他象征物共同营造了这个美学意境。这样的标题就极有象征意义了。

隐喻性。隐喻性跟象征性一样，是非常高级的文学艺术的美学境界。表面是说此物此事，但在这些词语背后隐藏着其他更加深刻的意义。这样的标题也是因为作品内容的隐喻性而产生的，比如《废都》《围城》等。

虽然虚构类文章或作品的标题是靠内容丰富性而赋予了标题的审美丰富性。但是，这个标题不是随便乱取的，也是围绕这个文章主旨或核心的意象精选出来的。既不要大而空洞，也不要华而不实。有的人标题太大，而内容又达不到标题词语的丰富含义；有的人取标题追求诗意化，辞藻华丽，过于虚设，往往无法表达作品的主旨。

虚构类标题这种美学特色，使文学作品内容不像非虚构类作品标题那样过早暴露，失去作品的美学意义。当然，因为作品本身内容的丰厚性，标题取得太复杂反而让所指狭窄单一，还是简洁的标题能涵盖更多层次丰富的意蕴。所以文学艺术作品的标题大多是短标题，一个词语即可。

第八章 叙述者："我"是谁？如何写好第一人称的"我"

一篇散文、随笔，或一部小说，都会有一个讲述者，这种叙事类文本，核心就是讲故事。既然是讲故事，当然要有主讲者。这个主讲者，在文学理论中我们把他称为叙事者。

叙事者一般分为第一人称、第二人称、第三人称，也就是把"我""你""他"作为叙事者。既然叙事类文本就是讲故事，那么这个叙事者会不会讲，讲得好不好，则是一个技艺问题。讲得好，就有人看；讲得不好，就无人问津。所谓文字水平高低，首先就是会不会讲故事。

这三种人称叙事，都是很有技巧的，本章只讲第一人称叙事。在非虚构文本和部分虚构文本中，很多作者都从自己的生活实际出发，写自己的个人的经历和感受，写身边的家人以及亲朋好友、同学、战友的故事，甚至有的作者还写自传。鉴于此，本章只讨论第一人称叙事。

第一节 "我"是谁？

什么是第一人称叙事？最典型的是文本中反复出现"我"。甚至第一句话，第一个字就是"我"。我在前文中说过，写作就是自我的表达，既然是自我的表达，文章、小说和非虚构类写作文本中出现"我"，再正常不过了。

但是，以你写作的经历（作为作者的我），或以你阅读的经历（作为读者的我），你会发现，这个"我"，是非同凡响的，就像那位顽皮的孙猴子一样，拔根毛就能七十二变。因此，在第一人称叙事视角写作和阅读中，我们先弄清楚，"我"到底是谁。

一、"我"是作者自己

个人散文、个人随笔、自传体、纪实类写作（报告文学、通信等非虚构类写作），文本中出现的"我"很多时候跟作者契合度很高，有时就是作者自己。写作是自我的表达，这类写作离不开作者自身的经历。作者把自己的亲身经历，自己的所见、所闻、所做、所说、所想、所感汇入文本之中，讲述自己的个人遭遇，比如失恋的痛苦、失业的不公，讲述自己成功的经验、奋斗的历史，回忆20世纪五六十年代下乡的经历，回忆父母亲、外公外婆陪伴自己长大的经历，回忆自己暑假在乡下下河捉鱼、上山摘野果的感受，回忆上大学时翻围墙的青春冲动……这里的"我"进入文本中，讲述自己真实生活经历，而故事的其他角色是自己的亲人、熟人，是自己真实生活的存在。记录或者分享过往的人生就是作者的创作目的。

这里的"我"或是小"我"，即个人的小资小调小情绪，无伤大雅，也能写出小美文；这里的"我"或是大"我"，通过"我"的阅历和观察以及思考，折射时代、社会、人生、人性等诸多思考。

鲁迅的散文《父亲的病》，写的是大"我"，通过父亲生病，请当地名医看病的故事，揭露了封建社会庸医害人的丑陋形象，人们被封建思想毒害的愚昧、落后的社会现实。作者写名医开的药引子：

　　最平常的是"蟋蟀一对"，旁注小字道："要原配，即本是一窠中者。"似乎昆虫也要贞节，续弦或再醮，连做药资格也丧失了。

　　这一小段文字是作者在请所谓名医开药方时的叙述和评说。在冷静、幽默之中批判性力透纸背。因为叙述者是作者自己，就像现在的体育直播解说员一样，一边看球，一边点评：

　　"我有一种丹，"有一回陈莲河先生说，"点在舌上，我想一定可以见效。因为舌乃心之灵苗……价钱也并不贵，只要两块钱一盒……"

　　我父亲沉思了一会儿，摇摇头。

　　"我这样用药还会不大见效，"有一回陈莲河先生又说，"我想，可以请人看一看，可有什么冤愆……。医能医病，不能医命，对不对？自然，这也许是前世的事……"

　　我的父亲沉思了一会儿，摇摇头。

　　凡国手，都能够起死回生的，我们走过医生的门前，常可以看见这样的匾额。现在是让步一点了，连医生自己也说道："西医长于外科，中医长于内科。"但是S城那时不但没有西医，并且谁也还没有想到天下有所谓西医，因此无论什么，都只能由轩辕岐伯的嫡派门徒包办。轩辕时候是巫医不分的，所以直到现在，他的门徒就还见鬼，而且觉得"舌乃心之灵苗"。这就是中国人的"命"，连名医也无从医治的。

　　叙述者"我"回忆小时候父亲生病请当地名医看病的经过，所谓名医看不了病，便扯出"冤愆"来。作者看出父亲对自己的病的绝望，重点叙述了当时父亲痛苦得不能说话，只能用"摇摇头"来表达观点。写作此文时的鲁迅学了西医，更重要的是接受了科学文明洗礼，并以疗救中国人的劣根性为自己写作的使命。于是，回忆当时父亲治病的情景，他终于忍不住站出来说：这就是中国人的"命"，连名医也无从医治。

这是作者"我"对旧中国那个时代的绝望和悲愤！

我们再来看看朱自清的散文《背影》。朱自清的文风与鲁迅的冷峻深刻不同，委婉细腻的文笔，透露出父子间的真情。文中对细节的描述，值得我们学习：

我说道："爸爸，你走吧。"他往车外看了看说："我买几个橘子去。你就在此地，不要走动。"我看那边月台的栅栏外有几个卖东西的等着顾客。走到那边月台，须穿过铁道，须跳下去又爬上去。父亲是一个胖子，走过去自然要费事些。我本来要去的，他不肯，只好让他去。我看见他戴着黑布小帽，穿着黑布大马褂，深青布棉袍，蹒跚地走到铁道边，慢慢探身下去，尚不大难。可是他穿过铁道，要爬上那边月台，就不容易了。他用两手攀着上面，两脚再向上缩；他肥胖的身子向左微倾，显出努力的样子。这时我看见他的背影，我的泪很快地流下来了。我赶紧拭干了泪。怕他看见，也怕别人看见。我再向外看时，他已抱了朱红的橘子往回走了。过铁道时，他先将橘子散放在地上，自己慢慢爬下，再抱起橘子走。到这边时，我赶紧去搀他。他和我走到车上，将橘子一股脑儿放在我的皮大衣上。于是扑扑衣上的泥土，心里很轻松似的。过一会儿说："我走了，到那边来信！"我望着他走出去。他走了几步，回过头看见我，说："进去吧，里边没人。"等他的背影混入来来往往的人里，再找不着了，我便进来坐下，我的眼泪又来了。[①]

这段叙述中，我们作为读者，看到了作者"我"的视线一直追随着父亲的身影，他下铁道，爬月台，放橘子，爬下月台，又抱橘子……每个细节动作，就像一幕幕电影镜头，一帧一帧地慢慢放映。同时，也把"我"的感情融入叙述之中，写得情真意切，把父子在那个艰难岁月的感

---

① 朱自清：《朱自清散文》，人民文学出版社 2005 年版，第 95 页。

情展示出来，同时也揭示了那个战乱年月普通百姓生活的不易……

二、"我"是故事的角色

"我"是作者以第一人称叙事作品，虽然文章里有"我"，甚至"我"也参与到故事之中，但"我"并不是主角，"我"是一个观察者、叙述者，也是亲历者。作者写作的目的，并不纯粹指向"我"自己。文章把作者"我"融入故事之中，但我们阅读时，主要的关切点并不是"我"，而是文章中的其他人或事。鲁迅的《父亲的病》写的主要是当地的"名医"，朱自清的《背影》写的是父亲，以及与"我"之间的感情。

在第一人称叙事视角中，还有一类的"我"就是故事的角色，而且是主要角色。"我"作为故事的角色，参与了故事主题的生成，参与了故事情节的推演，参与了故事里其他角色的叙述，或是故事策划的共谋者……总之，这里的"我"远远超越了作者的认知范围和能力，完全是故事虚构的"我"。这个"我"比现实作者的"我"在叙述中有更大自主性和叙述的自由。作为故事讲述者，"我"完全摆脱了作者的现实束缚和羁绊，控制了故事的生成和主旨的表达，引导了故事中人物的发展，完全投入故事角色之中，获得强大而又开阔的自由叙述的空间。

这种情况跟"我"是作者自己有非常大的区别。朱自清写父亲，不能乱写，不能写成别人家父亲的形象，只能是写自己的父亲。同时，自己也只能是他父亲的儿子，从南京到北平上大学的儿子，而不是其他什么角色。

但是，在故事中的角色的"我"，这个虚构的"我"不再是作者，而是故事的讲述者。

表面看又似乎有作者的影子。王小波作为下乡知识青年，当年从北京下放到云南，相当于明清时代被发配到人烟稀少的边疆了。小说《黄金时代》写的就是作者下放时的故事，你说这是王小波在云南下放时的真实故事吗？如果这样想就太简单了。但小说中又仿佛处处是王小波自己的影子——因为写得真实。

王小波的《黄金时代》开篇如此写道：

我二十一岁时，正在云南插队。陈清扬当时二十六岁，就在我插队的地方当医生。我在山下十四队，她在山上十五队。有一天她从山上下来，和我讨论她不是破鞋的问题。那时我还不大认识她，只能说有一点知道。她要讨论的事是这样的：虽然所有的人都说她是一个破鞋，但她以为自己不是的。因为破鞋偷汉，而她没有偷过汉。虽然她丈夫已经住了一年监狱，但她没有偷过汉。在此之前也未偷过汉。所以她简直不明白，人们为什么要说她是破鞋。如果我要安慰她，并不困难。我可以逻辑上证明她不是破鞋。如果陈清扬是破鞋，即陈清扬偷汉，则起码有一个某人为其所偷。如今不能指出某人，所以陈清扬偷汉不能成立。但是我偏说，陈清扬就是破鞋，而这一点毋庸置疑。①

《黄金时代》是一部伟大的作品，从叙述视角来看，因为是第一人称叙事，一下子把读者拉回到那个特殊年代的荒诞生活；把"我"投入故事之中，成为全书的两个主角之一。"我"与陈清扬，在那个荒唐的岁月，一起写交代材料……显然，"我"不仅是故事的叙述者，更是故事的策划者——"但是我偏说，陈清扬就是破鞋，而这一点毋庸置疑"。当然，"我"也是故事的推演者，是那个时代的受害者。

试想，如果这本小说采用第三人称叙述，把叙述者"我"置于故事的幕后，冷静、旁观地看待王二和陈清扬的荒诞故事，那么故事的真实性、可读性、含泪的幽默性便会荡然无存。

---

① 王小波：《黄金时代》，北京十月文艺出版社 2021 年版，第 3 页。

三、"我"是旁观者或叙述者

"我"只是故事的旁观者或叙述者，与故事的人物和情节保持一定的距离，尽管"我"也在故事中。这种接近第三人称的叙事，相比直接的第三人称叙事，可以带来更真实的阅读体验。

这时的"我"并不直接是故事的主角，也不是故事的亲历者，而仅是旁观者、叙述者，是故事展开的一种方式。所谓叙事视角的旁观者，有时只是"道听途说"，有时只是故事现场的"看客"，但是，让"我"介入故事的叙述之中，方便了叙事，增强了故事的黏性和真实性。

梁晓声的散文《清名》，写的是作家"我"到"村官"的家乡，看到一位83岁孤寡户徐阿婆仍然背着竹篓上山采茶卖钱的故事。这位老阿婆的事引起"我"的好奇，通过"我"不断向"村官"打探阿婆的身世，了解她为什么这么高龄仍然像年轻人一样上山采茶赚钱。通过与"村官"一步步交流，终于揭开了阿婆采茶的原因：为了还钱给副县长，还清"承担保障她生活责任的一位副县长助济她的钱"。因为这名副县长是黑恶势力，是贪官，被判了重刑。老阿婆采茶还他的钱，直到死前几天才还清。她说："人的一生，好比流水，可以干，不可以浊……"

这是一篇现实题材的散文，是当下社会的一角的反映。散文中，"我"是一名观察者、好奇者、记录者，甚至都不是散文的主角，"我"跟阿婆没有直接接触，或者交谈，而是通过学生"村官"的转述，把阿婆高洁的精神通过故事叙述出来。通过其他人的叙述完成"我"的叙述，最后把阿婆的故事呈现在读者面前。

莫言的小说《红高粱》讲述的是"我"奶奶、爷爷、小时候的父亲抗战的故事。那时"我"的父亲只是十四五岁的小孩子，可见，那时根本就没有"我"。但是，这不妨碍"我"参与到故事的叙述之中，这就是小说艺术的伟大而又神奇的地方。

作为孙子的"我"没有参与故事的生成和演化，"我"只是故事的叙述者，甚至连旁观者都不是，因为故事发生时"我"根本不存在。但是，为什么要以第一人称的"我"来叙事呢？除了增强故事的真实性，把现在的"我"参与到爷爷奶奶和父亲那一辈的故事叙述中，"我"不仅为回忆前辈的英雄事迹和顽强的生命力量而存在，更在这种叙述之中，有赞美，有歌颂，有仰望，也有反思。这样就增强了故事的历史纵深感和时代感，过去的历史是当今时代的起因，而当今时代也许是过去历史的延续和深化：

父亲就这样奔向了耸立在故乡通红的高粱地里属于他的那块无字的青石墓碑。他的坟头上已经枯草瑟瑟，曾经有一个光屁股的男孩牵着一只雪白的山羊来到这里，山羊不紧不慢地啃着坟头上的草，男孩站在墓碑上，怒气冲冲地撒上一泡尿，然后放声高唱：高粱红了——日本来了——同胞们准备好——开枪开炮——

有人说这个放羊的男孩就是我，我不知道是不是我。我曾对高密东北乡极端热爱，曾经对高密东北乡极端仇恨，长大后努力学习马克思主义，我终于悟到：高密东北乡无疑是地球上最美丽最丑陋、最超脱最世俗、最圣洁最龌龊、最英雄好汉最王八蛋、最能喝酒最能爱的地方。生存在这块土地上的我的父老乡亲们，喜食高粱，每年都大量种植。八月深秋，无边无际的高粱红成汪洋的血海，高粱高密辉煌，高粱凄婉可人，高粱爱情激荡。秋风苍凉，阳光很旺，瓦蓝的天上游荡着一朵朵丰满的白云，高粱上滑动着一朵朵丰满白云的紫红色影子。一队队暗红色的人在高粱棵子里穿梭拉网，几十年如一日。他们杀人越货，精忠报国，他们演出过一幕幕英勇悲壮的舞剧，使我们这些活着的不肖子孙相形见绌，在进步的同时，我真切地感到种的退化。

作为旁观者、叙述者的"我",突然脱离了故事的正常发展,打断故事的正常叙述,而把"我"的一些感想注入故事中,使故事瞬间有了穿越历史,穿越爷爷奶奶父亲那一辈人的生存空间,一直到当下的"我"的现实之中,故事的厚重和深远的美学意义便油然而生。

这就是第一人称"我"的叙述力量,能给读者阅读产生强烈的审美震撼。

第二节 "我"的问题

第一人称叙事确实很容易给阅读者带来沉浸感。但是很多写作初学者,常常会遇到一些问题,产生叙述困难,甚至害怕用第一人称叙事。这是为什么呢?在写作时,害怕写"我",或者害怕以"我"为叙述者,通常是两个方面的原因:一是羞耻感,二是怕得罪人。

一、"我"的恐惧感

很多作者害怕以"我"为叙事者来写作,把"我"参与进散文或小说的叙事之中。有时他分不清这个"我"是作者、叙述者,还是故事的主角,因而产生了叙述的恐惧感,这种恐惧感来源两个方面。

一是害怕暴露故事的主角身份甚至是隐私,害怕侵害他人的名誉权等。

二是害怕暴露自己的隐私和内心的真实想法,好像会给读者打开一扇窥探私生活的窗口。

那么针对这两种情况,笔者的建议如下。

1.如果是虚构类写作,即使有作者生活的影子,那也无关紧要,你应该大胆地写，按照故事情节和人物角色的自身逻辑发展写下去。

2.如果是非虚构写作，比如个人散文、纪实类的作品，可以采取以下办法：其一，真实地采访和体验。这种采访和体验要真实客观，深入而全面，不能只听一面之词，尽可能做到公正客观，这样就不会产生事实错误。其二，可以征求被采访者同意，或采取隐姓埋名的方式处理。尤其是批评或揭露类的题材，就像梁晓声的《清名》一文中对贪腐的副县长，就没有指名道姓。其三，只要坚持实事求是，不捏造事实，就不用太过担忧法律风险。

对"我"作为叙事者的恐惧感，还有一层是源自对真实的恐惧。真实是无法回避的事实，不是你畏惧它，它就不存在了。我们写作的意义在于把生活的真实进行艺术加工进而上升到艺术的真实，进行审美切换。生活的真实并不一定是美的，你若按生活面貌原原本本地写，也许是无趣、枯燥的。就像你看电影，若电影镜头像生活真实一样纪录、剪辑，这部电影是多么无聊，那是在浪费观众的时间。我们看那些精彩的电影时，为什么会被紧紧地吸引呢？这是因为，电影故事的真实不是现实的真实，而是艺术的真实，是戏剧的真实。当我们明白了这一点，就不会对把"我"作为叙事者产生恐惧。如果仍然心有畏惧不敢落笔，估计你不是对叙事者"我"恐惧，而是对写作本身有畏难情绪。这也就是本书需要解决的问题。

二、"我"的羞耻感

第一人称叙事中，因为"我"参与了文章写作或叙述，仿佛是撕破自己的衣服，将自己赤身裸体地暴露在大庭广众之中，作者产生这种羞耻感也是很正常的。忘了是哪位作家说过：一个连自己的灵魂都不敢暴露的写作，还能打动读者吗，还能写好作品吗？

十几年前私小说或暴露自己私生活的小说流行一时，也说明了读者对这种暴露小说的认可。可以说，任何写作都有作者自己的生活融入其中，纯粹凭空想象的写作是不存在的。那么，把自己内心真实的感受，自己灵魂深处的东西暴露出来，我认为是一种大胆的写作实践。有生活真实支撑的写作，才能获得成功。当然，这种暴露性写作，不仅是暴露自我，也是暴露身边人与事、暴露社会、暴露时代、暴露人性的写作。

鲁迅《写在〈坟〉后面》文中写道："我的确时时解剖别人，然而更多的是更无情面地解剖我自己。"我们每个人都生活在一定的空间和时间里，这个空间和时间，不是你独有的，而是共享的。在这个共享的时空里，你虽然是你自己，但同时也是别人，别人也是你；你的所作、所为、所想也许正是别人所作、所为、所想；或是你做了，而他只是想了而已。因此，当你解剖自己的时候，难道不是解剖别人吗？难道不是解剖这个时空里的人们吗？难道不是解剖这个时代与社会吗？当我们写作时，想到这一层面，就不会有羞耻感了。

写作是一场作者跟自己精神与灵魂的对话，克服这种对话的羞耻感，以勇敢的决心面对，那你的对话才能感动自己，同时也感动读者。唯有这样的对话，才是真的写作。

三、"我"中无我

以第一人称写作的叙事问题，还有一种情况，就是无"我"的叙事状态。因为对"我"作为叙事者有恐惧感或羞耻感，因此在写作中把"我"隐藏起来，或是把"我"写得高大上，写得很伟岸、很正直，仿佛不食人间烟火一般。这对写作有极大的伤害。把"我"写成"完人"——完美的人，这是不可取的。

常见有两种无"我"的叙事状态。一是写得平庸。一些写作者在以第一人称叙事时，把"我"写得很平庸。虽然"我"也是故事的亲历者，但在整个叙事之中，"我"是一个毫无主见、毫无观点的人，只是一个客观的观察者做着机械的描写和叙述。"我"平庸平淡，不鲜明不生动，还不如第三人称叙事。读者提不起阅读的兴趣，不能把读者带入故事之中。平铺直叙，没有悬念，人物没有个性。"我"的存在，反而限制了叙事和想象的空间。二是写得无关。把"我"在叙述中，写得无关紧要，甚至与情节推进根本没有关系。"我"虽然是叙述者，是故事的角色，但是与其他角色没有什么关系，两者的互动性不强，"我"仿佛被排斥在故事之外了。这样的叙事中"我"已经完全变成了一个工具人。

四、"我"的任性

在第一人称叙事中还可能会出现另一种状况，就是将"我"过度放大，喧宾夺主。比如以下的状况。

1. 铺排"我"的故事。在一些回忆性的文本中，一些写作者沉迷于自我历史的回忆，任由"我"在文本中任意"横行"，把一些与主题无关的事也安插进故事里，想到哪写到哪，天马行空、毫无目的地行使"我"的叙事权，主题不集中。第一人称视角容易显得拖沓和混乱，比如介绍时代背景、过去的经历，还有环境或人物，把自己看到的、想到的、过去的回忆不加甄别地呈现出来。

2. 夸大"我"，写得完美。还有一些写作者在以第一人称叙述中，把"我"写得很完美，成为"完人"——完美无缺的人，成为没有个性、没有问题的人，这样使读者不相信"我"讲述的故事，甚至怀疑作者写作态度和目的，不是写作而是宣传自己。

第三节 "我"的叙述特点

通常第三人称叙事，是"上帝视角"，任由叙述者牵着读者，牵着故事的角色行走。写作者可以在各个角色和故事之间随意切换场景，推进故事，安排角色命运。可以说，第三人称的叙事可以让叙事获得更广阔的自由空间。

但是，第一人称叙事因为有"我"的介入，更容易让阅读者有沉浸感。"我"既可以是向导、导游者，一边带领读者看风景，一边介绍各处景点的特色；也可以是身临其境的参与者，和角色打成一片，让读者分不清楚谁是作者，谁是故事的角色；甚至还可以化身为武林高手，身影来去自由，一会儿观察故事角色的行踪，一会儿跳出故事，如观察员一样审视故事角色……

如此看来，第一人称叙事有以下特点。

一是真实感。一个优秀的第一人称叙事，会把"我"打扮成"真人真事"，"我"的叙述具有很强的真实性，让读者把作者与作品中的"我"对等起来。比如鲁迅的《故乡》，很多读者以为它是一篇个人记事散文，因为写的是"我"回家乡的故事。但是，它却被收录在小说集《呐喊》里面。这个"我"当然不是作者，却让作品更具有真实感。

二是亲切感。"我"如演员一样把戏演得活灵活现，把故事娓娓道来，读者身临其境，对"我"深信不疑。"我"的富有感情的叙述，让读者对作品及"我"产生亲切感，就像久别的老朋友，一下子被作品及"我"迷住了。

三是代入感。第一人称叙事容易给读者制造阅读代入感，让读者跟"我"一起哭、一起笑、一起担心、一起害怕。"我"很容易带读者进入作者事先设置好的情节陷阱，牵着读者鼻子走。所谓阅读的代入感，就是读者在阅读过程中产生的一种身临其境的体验。

那么，如何增强读者阅读的代入感呢？首先"我"是一个有魅力有趣味的人，甚至是一个有影响的人。读者在阅读"我"的故事时，就容易产生代入感。其次"我"对故事设计情节陷阱，让读者随"我"一起坠入陷阱，这里需要对情节结构进行巧妙设计。让读者对"我"的遭遇感同身受，替"我"的生死担心，替"我"的遭遇难过。因此，这里一定要把"我"塑造好。

四是趣味感。第一人称叙事不像第三人称叙事，叙述者跟故事的角色若即若离，以上帝的视角观察一切，像万能的无人机"航拍"一样。第一人称叙事让读者感觉是生活中真实的存在，是有血有肉的人物。同时"我"又一直伴随着故事角色成长，一起哭哭笑笑，这种叙述状态是非常有趣、奇特的。读者在阅读第一人称叙事作品时，不像阅读第三人称作品那样与作者隔了一层薄纱。

五是身份认同。第一人称的"我"能让读者产生身份认同感，如鲁迅小说《故乡》中的"我"，每位读者都觉得是鲁迅自己。因为很多读者也如同作者一样，曾回故乡，曾想到少年时代的玩伴。读者会对"我"产生身份认同，以这个身份进行思考，这种阅读的奇妙感会让作品达到比较高的艺术境界。

第四节　"我"与"非我"

叙事视角，尤其是第一人称叙事，里面暗含着叙述技巧、语义的指向、结构的变化、故事情节的扩张等。能巧妙地运用第一人称叙事，会使作品产生丰富的文化和审美意义。在第一人称叙事中，"我"与"非我"是需要做出界线划分的。"我"就是"我","我"所不知道的，就是"非我"。

一、"我"是唯一的观察点和唯一的信息入口

第一人称是被限制的叙事者，只有"我"，没有你和他，也就是没有"非我"。只有"我"叙述，没有其他人叙述，"我"一直在"叙述场"。这个"场"，可能是在现场，可能是"我"所看到的，"我"所听到的，甚至是"我"所猜想的。故事角色与另一个人之间的这样那样的联系，只能是"我"。"我"的感受、"我"的希望、"我"的苦恼，这都是"我"在叙述。因而，作品会显得特别生动，特别有感情，特别真实。如果叙事中突然插入了"非我"的感知和体验，就瞬间把作品叙事打乱了，会带给读者不愉快、不真实的阅读体验。

有的作者在用第一人称叙事时，往往会把超越"我"的认知范围的事物夹杂进叙事之中，把第三人称才有的叙事视角混杂进来，这样会给读者造成混乱的错觉。

二、"我"要符合"我"的身份

第一人称叙事的"我"要符合"我"的身份、年龄、职业等。第一人称叙事，你可以对动物进行想象或者拟人化，比如王小波《一只特立独行的猪》。"我"以猪的视角叙述，有大量拟人化的表达。但是，在第一人称叙事中，对于他人，"我"可以猜测，可以想象，但"我"不能钻到别人大脑中，知道他人的所知所感。"我"只能通过他人的语言和行为去猜想和判断。"我"不能如第三人称叙事中的上帝视角一样全知全能。看到另外的角色所做，不能以第三人称的视角来指挥另外的角色。第一人称视角叙事，就是写"我"所看、"我"所听、"我"所说、"我"所

做、"我"所想，不能越俎代庖，超越第一人称"我"的"视力"范围和"认知"范围。

三、"我"的心理暗示和阅读期待

随着故事的推演和角色的命运变化，"我"在叙事中，就会让读者产生心理暗示和阅读期待。当然，读者产生心理暗示和阅读期待，在第三人称叙述中也是有的，这是一部优秀作品的标志。

"我"如何让读者产生心理暗示和阅读期待呢？

这就要加强"我"的叙述力量，强化"我"的角色描写，让"我"活起来、立起来，使读者产生"我"与作者之间的界线越来越模糊的感觉。虽然读者也知道这个"我"根本就不是作者，但在强大的"我"的叙述之中，把读者带进故事情境，在"我"的生动有趣、惊险、兴奋的叙述中，完成心理暗示和阅读期待。

在第一人称叙事中，你的作品如果能让读者产生"我"就是作者的心理暗示，那么"我"的叙事就是成功的；如果能让读者在作品阅读中产生对作者的好奇，对"我"的命运担心，那么作者的叙事就是成功的。对于阅读文章或小说的人来说，只要出现"我"，他就会产生这个心理暗示和阅读期待。

这个心理暗示是指"我"将会讲什么故事。读者将会代替作者，去进行推想，"我"会怎么想，会做什么，会有什么行动。阅读期待是因为读者为"我"担心或期待探究"我"的秘密，作者与作为叙述者的"我"之间到底有什么关联，有什么秘密。

我们在阅读鲁迅的小说《故乡》时，就产生了这样的心理暗示和阅读期待，总认为叙述者"我"就是鲁迅，是鲁迅回到故乡，见到了少年朋友闰土。但是这篇作品收录在小说集《呐喊》中，它当然是虚构性的。尽管它也是以作者真实的经历为依托进行合理想象与虚构的。

　　阅读王小波的《黄金时代》，读者也容易产生这样的心理暗示和阅读期待。因为作者确确实实到云南插队当知青，那是他青春时代生活的地方。青年男女在那样的年代发生那样的故事，或许就是作者自身经历吧。读者仿佛和王小波一起做了一个荒唐的青春期的梦⋯⋯

第九章　角色：角色"活"起来，作品才有灵魂

一位朋友说，他想写一个身边的人，因为是熟人，感觉有好多东西可以写。但是，写着写着，又觉得他的故事好像挺平常的，也没有特别的惊天动地的事情发生，就不知道还要不要写下去。

这类文本都是非虚构性作品。但是，让角色"活"起来，无论是虚构性写作还是个人散文、随笔、报告文学这些非虚构性叙事文本，都是要花力气处理好的。角色"活"起来了，作品才有灵魂。

真实的写作状态是这样的：当你有丰富的生活积累或值得回味的生活体验之后，一定有个什么角色或故事在你脑海里久久不能抹去。在叙事类文本中，讲故事是最核心的使命。

讲故事首先有两个基本要素：一是角色，二是情节。没有角色，就没有故事。但是，有角色和讲好这个角色的故事，是两个问题。角色是不是有趣，是不是特别，决定了故事能不能讲好。所以我们要让角色"活"起来。

第一节　角色的真面目：用角色演绎生活本质

前面章节讲了关于写作诸多技术、方法，本章将会触及写作最核心的内容。对于写作来说，你首先要确定一个、几个或几十个角色，你要熟悉他们，跟他们成为知心朋友，熟悉他们喜欢穿什么衣服，喜欢吃什么菜，喜欢开什么车，喜欢什么类型的女子或男子，他们的脾气是什么样的，他们爱好是什么，他们有什么习惯……

当你有了许多角色积累时，就必须回答一下问题：你为什么要写他或他们？

一、作品中的角色

在写作中，所谓的角色就是作品中的人物，是叙事类写作最核心的内容。在人类历史漫长久远的人物画廊里，树立着无数人物画像。这些画像有些是真实的历史人物，有些是虚构的文学艺术形象。每个写作者都希望自己笔下的角色也能进入这个画廊。在这个互联网数字化的写作时代，每个人的写作都有机会在数字化的时代留下自己的历史痕迹。

每个人都会在生活中充当某一个、某一类或多个多类角色。比如你在家是父亲，也是儿子；在公司是老板、领导或职员；到餐饮企业你就是食客或"上帝"。你在看这本书，你就是我的读者，你就会从这本书中有些收获或对我有些看法……那么作品中的角色，也是如此。写作中的角色比现实角色有更大的自由性、自主性，可以按照作者想象进行勾画。但是很多时候，你可能需要先有角色原型，在此基础上进行再创造。你想从事写作工作，你得建立一个角色"影集"，把他们的"形象"一一放入影集里。当然，这个影集并不是拍照片，而是记录每个角色的特色，他的性格，他的长相、脾气、习惯、品行、思想观点，他的穿着、职业、在社会关系中的形象，等等。建立角色影集之后，就为写作做好准备。

二、角色与形象的区别

角色与形象，都是指作品中的人物，是一个事物的两个层面的不同表述。用人物来概括，显得笼统，作品中的人物，就是叙事中的人物，还不够具体。而角色一词就很到位了。我们在传统京剧中，角色是指演员在舞台上按照剧本的规定所扮演的某一特定人物。京剧有生、旦、净、末、丑五大角色。在叙事写作中的角色，则是指赋予人物的身份、职业、社会地位、学历、职务、年龄等具象化的内容。警察、公务员、市长、处长、科员、中学老师、大学生、教授、农民工、快递小哥、程序员等，都可能成为作品中的某一个角色。

通过艺术手法刻画人物，使角色成为典型化的艺术形象。在写作中，角色能不能被塑造成为形象，是一个作品成功的标志。有的角色很边缘、很没有个性，达不到人物形象刻画的较高要求。

在我们传统的文学理论教学中，常常把形象和角色混为一谈，统统纳入形象里，其实它们之间还是有区别的。

比如，鲁迅小说《阿Q正传》描写了许多人物，若按角色来区分：生活在社会最底层的无业游民阿Q，当地乡绅富裕阶层的赵老太爷、新式读书人和新阶层的假洋鬼子、传统读书人赵秀才、女佣人吴妈等。若按形象来表达，被塑造成了具有典型形象的则是阿Q，至于赵老太爷等，鲁迅并不把着力点放在他们身上，更多的是脸谱化的人物。他们作为塑造主要人物阿Q的陪衬角色存在。形象是更生动、更鲜明、更有艺术个性的角色。角色只有通过典型化等艺术手法才能塑造成为形象。

其实，这是一切艺术的创作规律，哪怕是摄影艺术，在诸多视觉元素中，总有一个是主体（类似文学中的主角）和若个陪衬元素（类似文学中的次要角色）。为了把视觉主体形象烘托得生动，往往需要通过许多摄影技术来突出。

三、角色：反映生活本质

有位文学爱好者曾经问过这样一个问题：在写某个人物时，并不明确这个角色的价值，以致很难把这个角色写好。

这问到了文学创作中一个最核心的问题。这说明，这位文学爱好者虽然对角色有些认识、有些了解，但无法通过这个角色洞察到角色背后的东西，即这个角色反映了生活什么样的本质。

任何角色都生活在社会关系中，是社会关系在这个角色身上的表现，人是社会关系的总和，就是这个道理。你只有把这个角色置身于他的生活之中，置身于他周围的人际关系之中，这个角色才能写得明白、写出个性来。这个角色为什么成为这个角色，是跟社会关系有关的。通过这个角色揭示出社会关系背后隐藏的东西，这个角色的价值就写出来了。

写作是通过角色来讲述一个有趣的故事，故事是一个角色或几个角色演绎出来的，那么这个故事里的角色有什么特别吗？能不能提炼出生活本质？就像看了阿Q之后，觉得他的哪句话，你也这样想过，甚至这样说过，如果有这样的效果，这个角色就成立了，就有价值了。

比如，你写自己的父亲，你发现父亲比较严肃甚至古板，对你要求严格，很"小气"，不舍得花钱，对你买昂贵的鞋子很反感。但是，他在你学习的花费上很大方，这是你对父亲这个角色的认识。但这只是表面的认知。你需要把父亲为什么对你严格，甚至"小气"的原因找到，为什么怕你乱花钱，甚至逼你打工，却对你学习上的开销又大方呢？当你深入了解父亲之后，才发现，父亲工作压力大，钱赚得不多，又怕你跟那些富家子弟学会乱花钱。为什么逼你打工，是因为让你能自立，因为现在的社会风气对一个孩子的成长很不利，父亲是担忧你的成长……当你把父亲为什么成为这一个父亲而不是另一个父亲的背景搞明白，你的这篇文章就一定会写得好，父亲的角色就能成长为形象了。

通过着力塑造的角色，认清生活的本质，揭示社会的规律，反映人的真善美，这是一切文学艺术的创作规律。

四、选择让你念念不忘的角色去刻画

角色是叙事作品的人物，包括人物的身份、职业、年龄、学识、兴趣、社会关系、观点、性格、智商、情商、胆识等各方面。角色的选择是非常重要的，要选择有趣的角色、有魅力的角色、很特别的角色，有故事、有冲突感的角色。当然这并不是指男主人公长得帅、女主人公长得美这么简单。要回到文学历史长廊中，看看那些伟大的角色是如何被塑造的。

芸芸众生，形形色色。在生活体验中，我们会遇到各种各样的人，你到底要写哪个角色或哪类角色。首先，你要被生活中某个角色感动，或是主动地采访，对这个角色有深度的了解和理解，或者是某个角色触动了你内心深处的创作冲动。其次，在不断勾画这个角色的时候，你一定要解决一个问题：为什么要选择这个角色？为什么要给他（她）画像或树碑立传？

说到选择，在我们人生过程中，你会面临无数个选择。你的出生，是你唯一不能做选择的，其他的基本都是由你或你父母替你选择。小时候，从你上幼儿园到上小学，基本上是父母替你选择。随着长大，慢慢地变成了你自己的选择。你要谈朋友、谈婚论嫁、就业、升迁……你都要选择。在这些无数个或无数次选择中，你的角色定位是不同的。

你由父母的子女，逐渐成长为别人的学生、别人的朋友、别人的丈

夫或妻子、别的人同事、别人的下属或领导，再然后自己也变成了父母……当你发现你的角色在不断改变时，你这个人也在改变。比如，你的身体、你的性格、你的脾气、你的人际关系、你的观点……

当仔细回忆你过去的所想所做、当下的所思所想，你会慢慢对自己有一个由模糊变得清晰的"角色画像"，每个角色都有不同的"画像"。

如果，你想成为作家，你就得把自己的画像画好。当然，你不仅要给自己画像，更要给人世间芸芸众生画像。在你漫长的人生中，你也会遇到形形色色的人，比如，学校不同脾气的老师，小区不同个性的保安，公司的同事或领导……这些都充盈了你的人生。于是，在你写作中，这些角色会在你脑海里时不时地飘来荡去……写作要选择那些让你念念不忘的角色去刻画。

五、角色选择要有创新

大千世界，形形色色，我们写作者在选择角色时，要关注角色本身是否具有典型性和故事性。这个角色能不能揭示社会生活本质，这是最关键的，是考察你角色成功与否的关键。

无论是虚构类的叙事写作还是非虚构类的叙事写作，角色决定作品的成败，而角色选择要有创新。没有特色的或与这个时代社会生活不紧密的，没有代表性没有新意的，往往这个角色就不会生动。角色的选择也要有新意，这个新意不是说人类从未出现过的人物，而是这个角色身上一定有些新的特性，是其他作品角色不曾反映过的。这个角色要有创造性，是专属于你的。

以鲁迅的阿Q这个角色来说，鲁迅为什么选择这个生活在社会最底层，没有生活来源、没有生活能力的无业游民来写呢？按照社会常规的眼光，他根本就不是社会主流的人物，如果放在今天，那么他会成为作品的主角吗?他没有社会影响力,甚至对社会都没有什么贡献,就是一个流氓无赖式的人物。性骚扰、斗殴、盗窃、惹是生非是他生活的常态。若按社会地位、影响力、社会背景来观察,那么赵老太爷才应该是主角啊。而阿Q如果要进入角色描写,也只能是打手,是被法律管束、被道德批判的人物。在100年前的旧中国时代,鲁迅显然不是不知道像赵老太爷之类的地方土豪乡绅是当时社会的中流砥柱,是对社会贡献GDP的人物。鲁迅为什么不选择他作为作品的主要角色呢?

因为,鲁迅对旧中国社会问题的根本病因看得非常透彻,有非常清醒的判断,他关注的是当时中国国民的劣根性。劣根性不除,就无法唤醒国民,不进行国民性改造,中国就会一直愚昧落后。他以阿Q这样的社会最底层人物为主角,揭露了当时中国国民劣根性的深度和广度,每个人身上都有阿Q的基因。

赵老太爷、假洋鬼子和赵秀才身上虽然也会有阿Q的精神胜利法,也会有阿Q一样的国民劣根性,但是他们没有像阿Q这样具有典型性,这样生动,这样有苦涩的幽默。所以,鲁迅选择了阿Q这个角色来写。

阿Q的角色选择,把当时中国国民的劣根性暴露得最彻底、最冷酷、最残酷、最丑陋,因而最生动、最有典型性、最有代表性,阿Q成为中国文学史的一个"新人"。若写赵老太爷,巴金的《家》《春》《秋》中则有类似的形象。若写假洋鬼子则容易写成半殖民地的买办。若写赵秀才,无疑是半封建的才子佳人更合适,在张恨水的小说中,则有大量的这种角色。鲁迅的目光是独特的,所以才有阿Q这个不朽的艺术形象。

六、创作思想指导角色的选择

作为一个伟大作家,鲁迅对旧中国的时代、对社会深刻的把握和他的写作志向、写作理想,决定了他对角色的选择。如前所述,鲁迅为阿Q立传，不仅是叙事技巧上的选择，更重要的是他对中国国民性的把握和揭示，都是空前绝后的。角色的选择跟作家的价值观、创作思想有关系，这点也是毫无疑问的。

鲁迅那个时代，很少有人像鲁迅那样剖析国民性，在这样的高度去揭露这个社会的国民性问题，这在中国文学史上也是独一无二的。他把目光盯在阿Q身上，比赵老太爷、假洋鬼子这些人更有新意、更深刻、更能抵达社会的本质和生活的本质。

阿Q不仅是无业游民还有"革命"倾向，上无片瓦下无寸土，又是极愚昧的一个人，他广泛存在于社会的底层，鲁迅把这一类人的劣根性，集中表现在阿Q身上，使得他具有了典型性。虽然赵老太爷、假洋鬼子、赵秀才这类人也比较多，但是他们作为旧势力，已不能代表当时社会最核心的问题。在鲁迅那支犀利的笔下，阿Q这样的角色，成为中国文学中的典型形象。鲁迅那鹰隼一样冷峻的目光，成就了这个角色。

第二节　让角色"活"起来

不太成功的小说或叙事散文等非虚构叙事类写作，首先是角色塑造不成功。角色没塑造好，作品就立不起来。

角色塑造不成功指的就是角色没有特殊性，角色的性格、品质、智力、人品、社会地位、个性、脾气、为人处世、行为习惯等都没有特殊性，这个角色脱离了社会关系和时代关系，变得面目模糊、无法区分。

从角色塑造角度来看，鲁迅小说中的人物，多是生活在底层，不管是在当时社会还是在今天的社会里，可能都是没有亮点的普通人。阿Q、闰土、孔乙己、祥林嫂、华老栓等，这些人物，哪一个是顶天立地的英雄？都是要财富没有财富、要权力没有权力的社会底层人物。但这些角色是如此形象生动且具有典型性。鲁迅通过这些微不足道的社会底层角色的刻画，真实地反映了当时旧中国的社会状态尤其是人的精神和灵魂状态。这些角色都是有血、有肉、有灵魂的形象，都是鲁迅用手术刀似的写作工具刻画出来的。

让角色"活"起来，不管他是勇敢还是懦弱，不管他是漂亮还是丑陋，不管他是善良还是凶恶，不管他是诚实还是虚伪，不管他是正面人物还是反面人物，不管他是中间人物还是充满矛盾的人物，你都要通过你的生花妙笔让角色慢慢地"活"起来。

一、写什么角色就要像这个角色

鲁迅写孔乙己，是"站着喝酒的人里唯一一个穿长衫的"，穿长衫是知识分子的打扮，这跟穿短打的打零工的干体力活的人不一样。但他又是站着喝酒，而不是坐下来慢慢品酒，这又写出了他跟干体力活的人一样的经济状态。孔乙己已经不再是经济较为宽裕、悠闲自得的知识分子，而是失业、落魄，但还迂腐地端着读书人架子的落魄老书生。

华老栓，作为一个极端迷信愚昧的人，在那个时代是极为普遍的，作者只是默默地写他为了给儿子治病，去买人血馒头的行为，一下子就把他的愚昧迷信刻画出来。

写什么角色就要像这个角色，这是写人物首先要注意的，所谓像这个角色，就是这个角色应该有的品行、习惯、言谈、举止。就好比一个地下工作者，潜伏到敌对阵营，那么这个地下工作者就得像敌对阵营的人，两个势不两立的阵营的人，其价值观、行为习惯、言谈举止都会有很大的差异。

你写的角色要像你所想象的"这一个人"，围绕这一个人，你要通过各类手段丰富他、丰满他、深化他。正如你看画家画人像时那样，先画人的头部轮廓，接着画眼睛、眉毛、鼻子、嘴唇、下巴、耳朵、头发等，但就是这样的部位也不是一次就成功的，也是慢慢勾画出来的。作为作家，你得想想，你笔下的角色眼睛有什么与众不同，他的嘴巴有什么特色，他的发型与他的个性有什么关系，只要这样想，你的角色就会慢慢像"这一个人"了。

二、不要靠概念，要靠行动

中小学生作文写到老师，都喜欢用这样的开头：老师是一位和蔼可亲、知识渊博的人……靠概念、形容词堆砌，这样描写出来的人物是生硬的、雷同的。因为和蔼可亲、知识渊博这样的词几乎可以用在所有老师身上，你没有写出这个老师的个性特征。

我们要在具体的行动中塑造角色，所谓让角色行动起来，就是写角色的所做所想所说，也就是做什么、想什么、说什么，都要符合角色的设定，符合他的身份和特点。比如《红楼梦》中，同样作为贵族小姐，宝姐姐讲的话绝对不可能从林妹妹嘴巴里说出来。同样是年轻媳妇，李纨的做派和王熙凤也完全不同。你也不会听到一段对话把袭人和晴雯搞混了。因为她们每个人的语言与行动，都符合这个人的人设，你绝对不会出现理解偏差。这就是角色塑造成功的典范。

三、角色是如何"活"起来的

我们仔细研究现实生活中的人际关系或那些伟大作品中的角色关系，我们就会发现，我们每个人都不是孤立的个体，即使是一个非常孤立几乎与外界隔绝的角色（如诺贝尔文学奖获得者南非作家库切的《迈克尔·K的生活时代》），他也是外部的环境和内心的回忆交织在一起的，并不是孤立的。因此，可以这样说，每个角色都不是独立存在的。

怎样让"这一个"角色活起来呢？就要让他生活在特定的"氛围"和"关系"里。

1. 角色活在特定自然环境

人都是特定自然环境的存在，作家要把这个特定自然环境的角色应该有的命运揭示出来，角色就会"活"了。莫言的小说《红高粱家族》写的是山东高密东北乡发生的爷爷奶奶抗日的故事。有兴趣的读者可以找来读读，从中你可以看到莫言笔下的高密大地上的红高粱与人物之间血与水交融的关系。写红高粱就是写靠红高粱养活的村民，写高密红高粱就是写爷爷奶奶顽强的生命力。

2. 角色活在特定生活环境

每个人从小到大都是生活在特定生活环境里的，城市里的生活环境与农村的生活环境大不一样。就是在城市里，不同的区域、不同的家庭的生活环境也是不同的。特定的家庭身份，会带来特定的生活环境，就会成长出不同的人来。环境会对角色的性格、习惯、品行等产生深远的影响，这是作家需要关注的。鲁迅的《故乡》写的是"我"回到阔别二十多年的故乡见到少年朋友闰土时的情景：

一日是天气很冷的午后，我吃过午饭，坐着喝茶，觉得外面有人进来了，便回头去看。我看时，不由得非常吃惊，慌忙站起身，迎着走去。

这来的便是闰土。虽然我一见便知道是闰土，但又不是我这记忆上的闰土了。他身材增加了一倍；先前的紫色的圆脸，已经变作灰黄，而且加上了很深的皱纹；眼睛也像他父亲一样，周围都肿得通红，这我知道，在海边种地的人，终日吹着海风，大抵是这样的。他头上是一顶破毡帽，身上只一件极薄的棉衣，浑身瑟缩着；手里提着一个纸包和一支长烟管，那手也不是我所记得的红润圆实的手，却又粗又笨而且开裂，像是松树皮了。

我这时很兴奋，但不知道怎么说才好，只是说：

"啊！闰土哥，——你来了？……"

我接着便有许多话，想要连珠一般涌出：角鸡，跳鱼儿，贝壳，猹，……但又总觉得被什么挡着似的，单在脑里面回旋，吐不出口外去。

他站住了，脸上现出欢喜和凄凉的神情；动着嘴唇，却没有作声。他的态度终于恭敬起来了，分明地叫道：

"老爷！……"

我似乎打了一个寒噤；我就知道，我们之间已经隔了一层可悲的厚障壁了。我也说不出话。

当作者听到少年时代的好朋友，已到中年的闰土叫一声"老爷！"时，作者"我"与中年闰土之间的巨大鸿沟便呈现出来。这个鸿沟不仅是他的长相变了，更重要的是他的精神世界与叙事者"我"的巨大反差。"我"离开故乡读书工作，从思想观点、科学常识等都与闰土发生了根本的差异，如果"我"不离开故乡，虽然跟闰土还是有区别，一个是大户人家，一个是贫民，但是生活环境差别不大。分别二十多年后，少年闰土长成了中年闰土，而那个天真活泼的少年已变成了愚昧、麻木、等级分明的人了。这是那个特定的生活环境或者说是那个特定的文明教化的结果。通过刻画"两个"闰土，揭示了旧中国农村的人的面貌。

3. 角色活在特定场所

这里说的特定的场所，是指具体的生活或工作场地，比如家庭、办公室、地铁、公园、电影院、农村大屋场、高速公路服务区等，角色随着场所变换而变换。比如你在单位是领导，但是你回到家里就是父亲；你在学校是老师，下班坐地铁就是乘客了。每个场所变换，角色也会跟着变换，要把在特定场所的角色身份特征写出来。你在家里是严肃的父亲，你到办公室就可以变成唯唯诺诺的下属。这样的角色转换写出来了，角色就活起来了。

4. 角色活在特定人际关系中

角色不是孤立的，他生活在特定的人际关系之中，在家是父亲，在外是员工，他都会与他周边的人物发生这样或那样的关系，如果把这种特定人际关系的故事讲出来，讲得生动，角色也就活起来了。角色在特定的人际关系中，会产生戏剧冲突，推动情节发展。因此，一定要详细设计角色之间的关系。

5. 角色活在特定时代环境

特定时代环境下，每个人的生活都会受到影响。特殊时代背景，决定了每个人的生活和命运，每个人都活在这个时代氛围之中。梁晓声的个人散文《永久的悔》，写的是他作为知青在北大荒生活时的一个故事。那时不允许个人养鸡，一位老职工老杨偷偷养了一些小鸡，小鸡养大了，改善了职工的生活。但后来这件事被人揭发了，"我"作为班长还代表全班批判他。后来老杨吊死在知青宿舍后的一棵树上……通过那个特定时代环境氛围的塑造，人的命运就自然而然地有了其逻辑运行轨迹。

6. 角色活在矛盾冲突之中

这是一切叙事类写作的根本要求。会讲故事，根本上说就是会制造角色之间的矛盾冲突。在一系列矛盾冲突中展示角色的智力、能力、情商、胆识以及性格和人物关系，从酝酿到发展、从激化到冲突、从低潮到高潮，如此循环往复，如巨浪一样，不断推动故事向前发展。在这一复杂的叙事过程中，角色之间的关系也在发生变化，角色的性格得到充分展示，形象得到更加深刻地塑造。不管是主要角色还是次要角色，不管是配角还是反面角色，都在这一系列情节冲突中成长。比如一对夫妻感情很好，但在日常生活中，处理某些事务时，一个有时间观念，做事果断、快速、不拖沓，而另一个无时间概念，这样就制造了矛盾。当他们的矛盾日积月累之后，终于有一天大爆发，从而把两个角色充分刻画出来。

四、角色是成长、变化的

人都是会变的，年龄在变、学识在变、经历在变、地位在变、财富在变……同样角色也在成长、变化。写作者应该在成长、变化中完成角色塑造，不能一成不变。一成不变的角色是无法打动读者的心的。故事的发展、情节的推动、角色自身的经历，也需要成长、变化。

这里所说的角色成长，不仅是年龄上的，也是在情节演化中成长的，在与其他角色的关系变化中成长的，即在矛盾冲突中成长。这个成长，可能是欲望的增强或改变，也可能是眼界的增加、阅历的增长，也可能是特殊的人生经历，他的价值观、脾气性格、思维方式都会随之发生变化。

阿Q一开始也只是在乡下小镇上打打短工，做些偷鸡摸狗的事情。后来他到城里去了一趟，便也做起了"革命"的事，回到小镇便与之前不一样了，连赵老太爷都"高"看他了。这就是具体经历带来的角色成长。

角色随情节而变、随人物而变、随环境而变、随境遇而变……作品中要有角色变化的过程。比如某个角色随着故事发展"黑化"了，就要把这个角色怎样从一个善良的好人，演变到一个贪污犯或者十恶不赦的杀人犯的过程写出来。他经历了怎样的人生际遇，在不断选择中，怎样一步一步走向"深渊"。人生的悲剧是怎样发生的，这个过程要符合逻辑，也就是要符合现实情节的发展，要符合常识、符合大众的认知。这样才能让读者跟着角色一起哭、一起笑，产生共情，沉浸在小说角色叙述之中，对主人公的喜怒哀乐产生共鸣，这样的角色才能抓住读者的心。

好的角色塑造很容易让读者或观众产生代入感，这就是让读者入戏

（忘记是看戏）的功力。角色塑造生动传神，吸引读者为角色注入感情，是每部作品努力的方向。

第三节　非虚构类角色采访：从真实中提炼典型

很多非虚构文本的写作，主要包括人物特写、个人散文、游记、自媒体专栏等，作品题材来自现实生活。它不是虚构的，而是真人真事，是需要作者身临其境地采访、体验获得素材，并从中激发创作灵感，提炼主题。公共媒体的这类写作一般会有明确的写作任务和创作目的。而自媒体的写作更多是出于个人表达需求，多写自己亲身经历的故事，或者自己身边的人和事。这些作品往往比虚构写作更真实、更鲜活，情感更饱满，表达更自由，这种"无拘无束"的非虚构写作有非常强的感染力。能不能从琐碎、散乱的真实生活中提炼出具有典型意义的角色，这是非虚构类角色选择和写作需要注意的问题。

一、不要写成好人好事的表扬稿

非虚构的角色是作者的身边人，因为所谓的避"真人真事"讳，往往把文章写成表扬稿、唱赞歌，容易给人"假大空"的感觉。中国文人写东西自古就有"避讳"，要避尊者讳，避长者讳，避祖先讳，盖棺也未必能定论或者敢定论。如司马迁写《史记》一般敢秉笔直书的更是难得。写现实中的人更有诸多顾忌，很容易流于表扬稿一般的事迹堆砌。这时，你就要对写作对象有更深入的思考和研究，提炼出角色具体言论或行为中体现角色精神追求、社会影响的核心价值。

二、深入私人空间

为了把真人真事写出彩,作者就必须与写作对象交朋友、谈心。打破写作目标的心理障碍,让他们敞开心扉,深入角色的内心世界,倾听其灵魂的呼喊与呻吟,从中寻找出有价值的主题和典型意义的形象。广泛的朋友圈子能提供更多的写作素材,与写作目标交流的深度和广度决定了你作品角色的风貌。

20多年前曾流行一种"倾述"类的报道,就是向读者征集私人化的题材,比如恋爱、结婚、离婚、生活不和谐、第三者插足这类情感话题。找一个安静、隐蔽的空间,记者充当倾听者的角色,耐心、细心地听讲述者倾诉他们不幸、悲伤、惊奇的故事,多数是情感类的故事。这类故事的主人公有强烈的倾诉愿望,他会主动把自己的故事倒出来,记者只要梳理故事的逻辑过程,抓住情节和细节,就能把故事写好。

但更多的情况是需要作者深入被采访者的私人空间,做更深入细致的交流,笔下的角色才能更真实鲜活地呈现在读者面前。这对写作者的共情能力也提出了较高的要求。进入不了角色内心世界,一个连自己都没有感动的角色,怎么能感动读者呢?

三、深入观察和采访

前文讲对笔下角色的典型性提炼,主要是通过交流。如果能真正做到参与式体验生活,作品会更真切、更有表现力。以前的电影人在塑造角色时,会去体验几个月的真实生活。有记者写煤矿工人的井下工作,会与煤矿工人同吃同住一起下井,你能说这样的写作不真切吗?你所采访的角色也会打破心理壁垒,把他们的故事全部倒出来。他们在井下挖煤的艰苦、对安全问题的恐惧、对家人的思念以及他们的奉献精神,便从他们的朴实而真切的表述中展现出来。原汁原味的语言、原汁原味的故事,作者写起来也会投入极大的创作激情，因为这些也是他亲历的，而这样写出来的文章可读性、可感性就非常强了。

魏巍的战地通信《谁是最可爱的人》是一篇名作。1952年12月，时任原总政治部学校教育科副科长的魏巍奉命赴朝鲜一个战俘营调查采访美军战俘情况。在完成调查工作之后，他主动要求留下来，进行3个月的战地采访。他深入志愿军连队阵地，采访战士；深入军事一线采访体验，了解一线指战员英勇战斗、不惜牺牲生命的可歌可泣的英雄事迹。于是，他提炼出"谁是最可爱的人"这一主题思想，这个以设问句式出现的标题，一下子响彻了中国大地，成为那个时代的代言。

曾经有高校博士为了完成与快递小哥有关的研究，专门体验了三个月的快递员的生活。他的论文写作和数据就有了真切的现实依据。这段工作经历让他可以全方位地去探究这个职业。

梁晓声的散文《清名》写的是一位叫徐阿婆的农村老太太的故事。她一辈子不欠别人，一辈子都保持着一颗洁净的灵魂，一直到死。这个角色的故事非常感人，令人难以忘怀。

非虚构角色要深入采访，才能捕捉到那些普通人身上闪光的东西。从这些真实的角色中提炼出典型意义的故事，即角色要反映社会生活的本质。要让读者从这一个角色身上看到社会生活具有普遍性的东西，找到角色的核心价值，这样也就容易打动读者。

比如处在孩子中考或高考阶段的家长，压力比孩子都大，有很多现实的或者心理的问题需要解决。如果你有故事愿意与其他人交流，就一定会有感兴趣的读者。如果你能在故事之外提供思路或解决办法，可读性再强一点，很快就会拥有自己的粉丝。

第四节　虚构类角色积累：建立角色档案

很多职业剧为什么观众无感，最大的原因可能就是编剧自身对职业的隔膜。所以在角色塑造上距离真实世界太遥远，成为披着职业外衣的偶像剧。虚构类角色并不是完全虚构的，而是有生活原型，这个原型也并不一定只有一个，而是有很多。正如鲁迅谈到小说写作时说："人物的模特儿也一样，没有专用过一个人，往往嘴在浙江，脸在北京，衣服在山西，是一个拼凑起来的角色。"（《我是怎么做起小说来的》）鲁迅在《答北斗杂志社问》中也说："模特儿不用一个一定的人，看得多了，凑合起来的。""不用一个一定的人"就是不用特定的一个人，如果是那样写，就是非虚构类写作了。这是虚构类角色与非虚构类角色最大的区别。

非虚构类写作的形象是确定的，你写的要确切像"这一个"。但虚构类角色的塑造不仅需要天马行空的想象和强大的逻辑推理以便安排人物，也需要从现实生活体验中积累形形色色的角色素材。角色积累的方法就是建立角色档案。

一、建立角色档案

角色档案并不是单纯的职业、年龄、身份等信息，像一个人的档案一样填写表格和履历，而是有血、有肉、有灵魂的角色故事。这些角色是有外貌、有长相、有穿着的习惯、有性格、有观点的人物。这些人物做了哪些事，做这样的事是出于什么缘由，产生什么影响……这样把角色档案做好了、做多了，你在写作时，便有了取之不尽的素材。

二、创建新角色

在进行文学创作的时候，你不可能把你角色库里面的素材直接拿过来使用。就像鲁迅先生说的那样，作品中的人物都是你脑中角色素材的集合体。一开始虚构的角色是模糊的、不清晰的，是直感的，就像在云里雾里一样。你对这个角色有一个大概的人设，就好像人的轮廓，接着慢慢"长出"头、四肢、眼睛、鼻子等，最终成为一个完整的角色。创建一个新角色时，需要你深入生活，也可以查找资料或者找角色身份的朋友聊天。比如你想写侦探小说，那么可以找警察朋友聊一聊。你写历史小说，比如民国题材，不妨去看报纸杂志，或者史志办的档案。据说马伯庸为了写《长安十二时辰》，阅读过的资料超过1000万字。

当然，即使是以自己为生活原型的角色，也不能一成不变地写自己，而是需要重新塑造一个崭新的角色。你可以打开角色档案，搜索符合你角色设定的素材，进一步加工。

莫言在《〈红高粱〉与张世家》一文中首次披露了《红高粱》创作过程中的重要细节，值得读者借鉴，说明好的题材故事和角色对创作的关键性影响。

1983年的春节，莫言回老家山东高密探亲访友，与旧时的工友张世家喝酒。张世家否定了莫言此前的军事文学创作，认为"根本就不行"。他质问莫言："咱们高密东北乡有这么多素材，你为什么不写，偏要去写那些你不熟悉的事？什么海岛，什么湖泊，你到过吗？"

随后，他向莫言绘声绘色地讲起了"公婆庙大屠杀"的历史。张世家是公婆庙村人，他的一个亲属在那次屠杀中受了伤，对这一事件了如指掌，说是1938年3月中旬的一天，游击队伏击了日本鬼子汽车队，打死了39个鬼子，没想到几天以后鬼子大队人马来报复，包围了公婆庙，一百多手无寸铁的老百姓惨遭屠杀，整个村庄几乎被夷为平地。

这则悲惨的抗日战争故事，最初并没有引起莫言的创作兴趣，直到几年后他考进解放军艺术学院文学系，参加"纪念抗日战争胜利四十周年"军事题材小说座谈会，这则故事猛然撞击了他的灵感之钟。

这顿酒，莫言没有白喝，旧时工友虽然不是文学理论家，也不是作家，但是他来自生活的直观感悟更深刻，对莫言的写作更有帮助。大家可以找莫言的《红高粱》认真读读，从中可以看到工友讲的故事正是小说的叙事原型。

第五节　角色的出场：第一印象很重要

每个角色出场都是不同的，正如现实生活一样。在叙事类作品中，角色出场是非常重要的叙事技术。你看舞台剧的时候，角色出场前，舞台的灯光布置、场景布置、音响设置等都非常讲究。角色出场的服装、开口的第一句话都不会随意设计。

一、角色出场要设计

角色出场设计包括角色的身份、身世介绍，故事的由头、场景的设计、角色与角色的关系等，设计要有奇妙的阅读感觉。角色出场在设计中的原则就是奇妙。奇，就是新奇，有新意，引起阅读兴趣；妙就是有趣、巧妙，给人以新颖感，不落俗套。

万事开头难。很多伟大的作家往往会纠结于小说的开头。一个奇妙的开头，事关小说叙述的基调，故事的"药引子"是不是给力，是不是巧妙地把核心故事、主要角色带出来非常重要。因此，他们往往为此冥思苦想，直至焦头烂额。一旦这个角色出场设计得奇妙，后面的叙述就顺理成章了。

海明威《老人与海》是典型的第三人称叙事作品，是一个短中篇，开篇就把主角呈现在读者面前：

　　他是个独自在湾流中一条小船上钓鱼的老人，至今已过去了八十四天，一条鱼也没逮住。头四十天里，有个男孩子跟他在一起。可是，过了四十天还没捉到一条鱼，孩子的父母对他说，老人如今准是十足地"倒了血霉"，这就是说，倒霉到了极点，于是孩子听从了他们的嘱咐，上了另外一条船，有一个礼拜就捕到了三条好鱼。孩子看见老人每天回来时船总是空的，感到很难受，他总是走下岸去，帮老人拿卷起的钓索，或者钓钩和鱼叉，还有绕在桅杆上的帆。帆上用面粉袋片打了些补丁，收拢后看来像是一面标志着永远失败的旗子。[1]

　　这个八十四天都没有捕到鱼的老人一下子引起大家的阅读兴趣，我们有很多的疑惑需要作者来揭示，比如他为什么独自捕鱼？他会一直这么倒霉下去吗？这个释放善意的小孩后面还会陪他一起捕鱼吗？这个角色的出场简洁明了，蕴含了很多信息和疑问，小说后面会一一解析。

　　英国作家狄更斯的名作《大卫·科波菲尔》用的是典型的第一人称叙事。叙事者是"我"，同时也是小说的主人公，同样也是主角直接出场：

　　在我的这本传记中，作为主人公的到底是我呢，还是另有其人，在这些篇章中自当说个明白。为了要从我的出世来开始叙述我的一生，我得说，我出生在一个星期五的半夜十二点钟（别人这样告诉我，我也相信）。据说，那第一声钟声，正好跟我的第一声哭声同时响起。[2]

　　叙事者、故事主角直接出场交代了很多背景信息：这是一个人物自传，而且贯穿主人公一生。有意思的是，角色出场的表达方式却像是一个全知视角的叙事，有点像一个叙事者自身扮演的上帝，跳出时空的限

---

　　①[美]海明威：《老人与海》，伊犁人民出版社2010年版，第1页。
　　②[英]狄更斯：《大卫·科波菲尔》，中国对外翻译出版有限公司2013年版，第1页。

制，在一个虚空中看着自己的一生在时间流中演化。但是作者又加了一个括号（别人这样告诉我，我也相信），好像刚把你带入故事中又一下扎醒你，提示读者保持阅读距离，也合理解释了读者的疑惑："你是怎么知道你本不应该知道的事情？"后文那些超越了第一人称叙事限制的内容，当然同样是听来的了。

这些都是人物出场的精妙设计。

二、角色出场要有氛围

什么是作品的"氛围"，其实是一个很玄妙的词语，就如同中国古典诗词的"意境"一样，有时只可意会不可言传。不是不言，而是言不到位，甚至词不达意。但是，结合作品，读者还是能感受到的。氛围是作品将讲述故事、引导人物、描述环境等融合在一起的言语叙述的信息场。显然，作品的氛围包含非常丰富的语义，即使是一句话，也能表现这种叙述的信息场，氛围是语言信息的集中释放。《红高粱》开篇第一段话：

一九三九年古历八月初九，我父亲这个土匪种十四岁多一点。他跟着后来名满天下的传奇英雄余占鳌司令的队伍去胶平公路伏击敌人的汽车队。奶奶披着夹袄，送他们到村头。余司令说："立住吧。"奶奶就立住了。奶奶对我父亲说："豆官，听你干爹的话。"父亲没吱声，他看着奶奶高大的身躯，嗅着从奶奶的夹袄里散出的热烘烘的香味，突然感到凉气逼人。他打了一个战，肚子咕噜噜响一阵。余司令拍了一下父亲的头，说："走，干儿。"①

读过《红高粱》的读者应该对这部小说中高密东北乡的高粱地有着深刻的印象。就像人一样，那片高粱地雄伟壮丽，悲怆坚韧。小说的开篇也

---

① 莫言：《红高粱》，花城出版社 2011 年版，第 1 页。

可以像很多小说的开端一样，来一段自然景物的描绘。但是莫言为了强调叙事的氛围，强调角色出场，由角色出场再带出红高粱，更能强调故事性和人物的存在。同时，这样的开头也把三个角色和他们之间的故事以及时代背景都交代出来，可谓一举多得。

三、角色出场要奇妙

陈忠实的小说《白鹿原》开篇第一句主角白嘉轩就出场了："白嘉轩后来引以为豪壮的是一生里娶过七房女人。"下面就分别介绍白嘉轩怎么娶回七房女人的，这个故事开头在中国文学史上是奇绝的：第一，这种叙述句式在中国文学史没有，这是学习拉美现代小说的叙事风格，比如《百年孤独》。第二，一个人一生娶七房女人，除了皇帝，即使是封建大家庭也十分难得。那么，这个白嘉轩是什么样的人，为何要娶七房女人呢？这得碰撞出多少爱恨情仇啊？这些疑问一开始便在读者脑海里像石头丢入湖面，荡起层层涟漪。第三，在这句话里，又暗含着丰富的故事引子，吸引读者阅读的兴趣。因为有了这样的开篇之句，下面的叙述便水到渠成了。

四、角色出场要有悬念

角色出场模式各有不同：因某事出场，因某人出场，因某个场景出场，因某个观点出场，因某个细节出场……如果带有点悬念，更容易勾起读者的好奇心和探究的欲望。

非常经典的被人讲过无数遍的是《红楼梦》中王熙凤的出场。林黛玉进贾府，看到的都是一片肃穆，贾母这个老祖宗在堂，所有人都谨小慎微。黛玉正和贾母等谈论着自己的体弱多病和吃药的事，正是气氛感拉满的时候，没想到：

一语未了，只听后院中有笑语声，说："我来迟了，不曾迎接远客！"林黛玉思忖道："这些人个个敛声屏气，恭肃严整如此，这来者系谁，这样放诞无礼？"心下想时，只见一群媳妇丫鬟围拥着一个人从后房门进来。这个人打扮与姑娘们不同，彩绣辉煌，恍若神妃仙子，头上戴着金丝八宝攒珠髻，绾着朝阳五凤挂珠钗；项上戴着赤金盘螭璎珞圈；裙边系着豆绿宫绦，双衡比目玫瑰佩；身上穿着缕金百蝶穿花大红洋缎窄褙袄，外罩五彩刻丝石青银鼠褂；下着翡翠撒花洋绉裙。一双丹凤三角眼，两弯柳叶掉梢眉，身量苗条，体格风，骚。粉面含春威不露，丹唇未启笑先闻。[①]

王熙凤先声夺人，作者铺排下的悬念借助林黛玉展现出来："林黛玉思忖道：'这些人个个皆屏气如此，这来者是谁，这样放诞无礼？'"黛玉的疑问也正是读者的疑问，一下子就把黛玉和读者们的好奇心激发了。"未写其形，先使闻声"，作者在没有正面描写人物之前，就先已通过人物的笑语声，传出了人物内在之神。在贾府这样严肃的氛围里，这一声，可以说把人物的基本身份、性格特点、在贾府中的地位隐晦地介绍出来。虽然之前读者已经通过冷子兴的演说对贾府中的主要人物有了侧面的了解，但是难以留下深刻印象。而王熙凤这个角色第一次正式出场，马上就鲜活生动地呈现在读者面前，使人很难忘记这个场面。

第六节　角色的关系：建立、意外与反转

在叙事类作品中，角色众多，如《红楼梦》写到的角色有721个，加

---

① 曹雪芹：《红楼梦》，人民文学出版社1982年版，第1085—1086页。

上提到的人物有近千人，《三国演义》有名有姓的超过千人。就短篇小说而言，一般也有两三人。在叙事类写作中，角色塑造不会平均用力，一般可分主要角色一两名，次要角色两三名甚至更多。从性别来说，可分男性角色和女性角色；从角色的性质来分，可分正面角色和反面角色；等等。如此众多的角色，就涉及角色的关系安排与处理。

角色关系的安排，指角色与角色之间是什么关系，比如是母子、夫妻、情人、敌我、朋友、同事、同学等。

角色关系的处理，则是指角色与角色之间会发生怎样的联系，这种联系如何推演故事的发生与发展，角色与角色之间的矛盾冲突如何产生和发展到高潮，等等。

每个角色并不是孤立的，都是在一定的社会关系中生存。在虚构类写作中，其叙事就是靠角色与角色的关系安排与处理的。没有角色与角色的矛盾冲突，就没有故事。

一、虚构类的叙事作品，首先要安排好主要角色之间的关系

这里，首先要处理好主要角色之间的关系，他们是故事情节的主线索，是矛盾的主要方面。围绕着主要角色的矛盾发生故事、展开故事、推动故事，以至于达到故事的高潮和矛盾的终结。其次要处理好主要角色与次要角色的关系。次要角色虽然起到配角作用，在与主角关系中，起到烘托气氛、化解矛盾等作用，次要角色的刻画也要有个性，如果没有，反而影响了主要角色的发挥。

女性角色通常是一部小说最难刻画的。偶像剧为什么走到了死胡同，就是因为你一看到精明能干的坏女人一定是女二号，永远爱而不得，永远为爱黑化。同质化的角色设定，带来的只能是同质化的剧情。

反面角色千万不要模式化、概念化。以为反面人物就是坏，没有好的

地方，只有恶没有善的地方，只有假没有真的地方，是写不好反面人物的。此外，反面人物有时也是从正面或正常人物逐步转变为反面的。这个逐步转变，是叙事的核心，写得好，就会让反面角色活起来。

二、处理好每个角色，推动故事的叙述

在安排角色时，先要确定每个角色的性格、职业、出身、生活习惯、品行等。把角色的画像画得越具体、越细致越好。要把角色放在各自的社会环境、生活环境、自然环境、角色关系中去画像。

在叙事类小说中，主要叙事元素就是角色、故事、情节、环境。如果说性格决定人物的命运，那么，角色与角色的关系决定故事的生成。传统的文学理论认为，性格决定人物的命运，如果要放到现实社会，决定人物命运的就是多重因素，家族、父母、学习、财富都可以决定人的命运。但是在小说叙事中，人物的性格和人的认知、人的观念起了决定性作用。

角色与角色之间的关系决定了故事的生成和发展，处理好每个角色能推动故事的叙述。

三、处理好角色的意外与反转

角色有没有特色、能不能活起来，直接关系到作品的成败。一个有效地使角色活起来的技术就是把角色的意外与反转叙述出来，作品的可读性也就跟着提升了。

现实生活中，人性是复杂的，人格也是多重的，所以我们在写角色的时候，如果好人没有缺点，坏人没有优点，好人一直都是好，坏人一直都是坏，那么角色就没有意思了，也就没有立体感了。角色有意外，有反转，这样的角色才有意思，有趣味。

比如，某个角色平时是个老好人，胆小怕事，但遇到某个重要事情的

时候，他表现得很勇敢、很正直、有担当。这就是角色的意外。不过角色意外或反转不能搞成无厘头，那样就没有说服力，角色也容易写得失败。角色意外与反转之前要有伏笔，要有交代，这样角色出现意外，就顺理成章了。

角色的反转也是如此，我们现实生活中看到很多官员在大会、小会上大谈预防腐败，调子唱得很高，态度表得很坚决。但他实际上是一个双面人格的人，台上台下、人前人后是两面皮，哪天案子被踢爆了，他的落马会让很多人看到人性的另一面。

金庸小说中的角色有很多的意外与反转。乔峰是中原大侠，丐帮帮主，带领中原武林豪杰与辽国对抗。但是命运给他开了一个天大的玩笑，他竟然是辽国贵族的后代。他从丐帮帮主乔峰，变成了辽国的南院大王萧峰。这一角色身份的反转有悬疑，有人性，有隐秘，这一身份的反转带来了巨大的叙事张力，《天龙八部》的情节就在萧峰探寻身世之谜的过程中，在他因为身份反转带来的巨大心理冲击和斗争中推进。

角色没有意外，就没有情节。给人感觉意外的角色应该是在情节叙事过程中，设置的叙事圈套。什么是叙事圈套呢？就是先把这个人装进某种特定的氛围之中，给读者的感觉他是某类人。比如《天龙八部》小说开始，乔峰是一个抗击辽国的大英雄，这在丐帮大会的时候被反复渲染，氛围感拉满。这时突然冒出来个前长老的夫人，公布了惊天秘密，大家可想而知，这给小说中的人物和正在读小说的读者多大的冲击。

社会的复杂，人心的复杂，人们利用各种手段包装自己、打扮自己，等到真相揭示出来，角色就出现了反转。现实中反转的角色、人设实在太多了。但是从写作角度而言，这也为众多写作者提供了丰厚的素材。

参考文献

1.[法]弗兰西斯·培根.培根论人生[M].张毅,译.上海:上海人民出版社,2012.

2.鲁迅.呐喊[M].北京:人民文学出版社,2015.

3.[美]威廉·津瑟.写作法宝[M].朱源,译.北京:中国人民大学出版社,2013

4.陈忠实.寻找属于自己的句子——《白鹿原》写作手记[M].西安:小说评论,2007.

5.鲁迅.野草[M].北京:人民文学出版社,2002.

6.陈忠实.白鹿原[M].北京:人民文学出版社,1993.

7.鲁迅.鲁迅杂文集[M].天津:天津人民出版社,2016.

8.鲁迅.朝花夕拾[M].北京:商务印书馆,2015.

9.王小波.沉默的大多数[M].北京:十月文艺出版社,2011.

10.[奥地利]卡夫卡.变形记[M].张荣昌,译.上海:上海译文出版社,2012.

11.贾平凹.丑石[M].南京:译林出版社,2012.

12.莫言.红高粱家族[M].上海:上海文艺出版社,2012.

13.朱自清.朱自清散文集[M].南京:南京出版社,2018.

14.[美]海明威.老人与海[M].黄丽萍,译.伊犁:伊犁人民出版社,2010.

15.曹雪芹.红楼梦[M].北京:人民文学出版社,1987.